**Em Busca
de um Lugar no Mundo**

Coleção Estudos
Dirigida por J. Guinsburg

Equipe de realização – Edição de texto: Lilian Miyoko Kumai; Revisão de provas: Vilma Maria da Silva; Sobrecapa: Sergio Kon; Produção: Ricardo Neves, Sergio Kon e Raquel Fernandes Abranches.

Silvia Gombi Borges
dos Santos

**EM BUSCA
DE UM LUGAR NO MUNDO**
O CONCEITO DE VIOLÊNCIA
EM HANNAH ARENDT

Dados Internacionais de Catalogação na Publicação (CIP)
(Câmara Brasileira do Livro, SP, Brasil)

Santos, Silvia Gombi Borges dos
Em busca de um lugar no mundo: o conceito de violência em Hannah Arendt / Silvia Gombi Borges dos Santos. – São Paulo: Perspectiva, 2011. – (Estudos; 231 / dirigida por J. Guinsburg)

Bibliografia.
ISBN 978-85-273-0791-8

1. Arendt, Hannah, 1906-1975 2. Poder (Ciências sociais)
3. Terror 4. Violência 5. Filosofia política I. Guinsburg, J.
II. Título. III. Série.

07-4244   CDD-303.6

Índices para catálogo sistemático:

1. Violência: Sociologia   303.6

Direitos reservados à
EDITORA PERSPECTIVA S.A.

Av. Brigadeiro Luís Antônio, 3025
01401-000 São Paulo SP Brasil
Telefax: (011) 3885-8388
www.editoraperspectiva.com.br

2011

Sumário

Agradecimentos.................................. XI

Introdução..................................... XIII

VIOLÊNCIA E PODER 1

TERROR: A VIOLÊNCIA EXACERBADA 47

A VIOLÊNCIA RELACIONADA
À "AUSÊNCIA DE UM LUGAR NO MUNDO" 89

Bibliografia 137

À memória de Stjepan Gombi

Agradecimentos

Ao professor-orientador, Dr. Milton Meira do Nascimento, por sua solicitude e valiosas diretrizes, minha elevada admiração e estima.

Aos professores das Bancas do Exame de Qualificação e de Defesa, Dra. Olgária Chain Féres Matos e Dr. Sérgio França Adorno de Abreu, pelas importantes observações.

Aos meus caríssimos familiares, Norma e Celso, Vasco, Frederico, Maria Fernanda e Maria Carolina, pelo permanente incentivo.

Àqueles que, de algum modo, se fizeram presentes ao longo desse tempo de construção intelectual, especialmente a Dra. Ana Maria Said, Dra. Betânia de Oliveira Laterza Ribeiro, Carmem Sílvia Chaves Faissol, Cibele Miranda Menezes, Dalva Muniz de Almeida, Eunides Aparecida do Vale, Ignez Maciel Vilela, Dr. José Beluci Caporalini, Lázara Maria Alves Moraes de Souza, Dr. Leosino Bizinoto Macedo, Dra. Lídia Maria Rodrigo, Margarida Maria de Souza, Dra. Maria das Graças Souza, Maria Madalena Angelis Alvarez, Nádia Vitorino Vieira, Nélie Rodrigues Melo (*in memoriam*), Nicolina de Melo Pereira, Dr. Renato Janine Ribeiro, Rodrigo Angelis Alvarez, Rubens Jorge, Sharon Lee

Carlson Medeiros, Dr. Tiago Adão Lara, Dra. Vera da Silva Telles, e Dr. Wander Gonçalves da Silva.

À Fundação Educacional de Ituiutaba.

À Universidade do Estado de Minas Gerais.

À Coordenação de Aperfeiçoamento de Pessoal de Nível Superior.

Introdução

Em correspondência expedida de Stonington, Connecticut, datada de 11 de janeiro de 1962, endereçada a Hannah Arendt, Mary McCarthy retorna à amiga suas impressões a respeito da leitura que efetuou do manuscrito do capítulo de conclusão do livro *Da Revolução: A Tradição Revolucionária e seu Tesouro Perdido*. Entre as "sugestões de correções", McCarthy assinala, como "ponto secundário", a possibilidade de definir *terror* em contraposição à *violência*, e a sua justificativa para isto soa um tanto quanto óbvia: "todos sabemos a que coisa você alude, mas uma definição conceitual seria útil"[1]. No entanto, Arendt não faria, nesse texto, esse ajuste, não apenas em razão de ter recebido as observações tarde demais.

Com efeito, a distinção entre terror e violência já teria sido estabelecida por Arendt anteriormente, em seu ensaio "Ideology and Terror – A Novel Form of Government", publicado em 1953[2]. Esse estudo seria inserido no livro *Origens do Totalitarismo*, em sua segunda edição americana, constituindo o último capítulo da parte III: "Totalitarismo" –, em substituição

---

[1] H. Arendt; M. McCarthy, *Entre Amigas: A Correspondência de Hannah Arendt e Mary McCarthy*, p. 132.
[2] *Review of Politics*, p. 303-327.

às "Conclusões" da primeira edição, de 1951[3]. Desse modo, é possível constatar não apenas a anterioridade da preocupação teórica de Arendt em definir terror e violência, mas sobretudo que suas análises, realizadas há uma década, eram sustentadas com vigor à época da elaboração de On Revolution (Da Revolução). Pode-se perfeitamente ler "Ideologia e Terror" como um complemento valioso ao texto sobre a revolução.

Quanto à caracterização da violência, entre os anos de 1969 e 1970, Arendt finaliza o ensaio específico sobre o fenômeno, e o dedica à escritora e amiga Mary McCarthy, a qual também havia revisado os originais. De Paris, exatamente em 19 de março de 1969, ela assim se dirige a Arendt:

Estou devolvendo seu texto sobre violência com correções. Temo que algumas sejam quase ilegíveis. Seria melhor se eu pudesse ver seu ensaio original[4] – de preferência datilografado, com margens largas e espaço triplo. Melhor mesmo, é claro, teria sido revisar juntas a coisa toda, mas é um sonho. Decidiu a que editor vai entregá-lo? Jovanovich me escreveu dizendo que está muito ávido por publicá-lo. Se lhe der o texto, por que não pedir que mande fazer no escritório uma cópia datilografada para trabalhar em cima? Quanto a isto, Viking poderia mandar bater igualmente bem[5].

Em sua resposta, um tanto tardia, à carta de Mary, expedida de Nova York, em 19 de maio do mesmo ano, Arendt agradece a disposição da amiga em tornar-se sua "editora de textos", e

---

3 Essas "Conclusões" teriam sido incorporadas a capítulos. Cf. Prefácio à Parte III, *Origens do Totalitarismo*, p. 340.
4 Segundo nota da organizadora das cartas de *Entre Amigas...*, Carol Brightman, trata-se do texto de "Reflections on Violence", que teria sido provavelmente publicado em *The New York Review of Books,* de 27 de fevereiro de 1969; ver *Entre Amigas...*, p. 226. Ao que parece, esta seria a primeira aparição do trabalho ao público. Grifo nosso.
   Em *Por Amor ao Mundo: A Vida e a Obra de Hannah Arendt*, Elisabeth Young--Bruehl confirma tal suposição e indica que o artigo "Reflections on Violence", de 1969, também publicado no *Journal of International Affairs* nesse mesmo ano, teria sido o ponto de partida para a elaboração do ensaio sobre a violência. Com efeito, *On Violence*, versão aumentada das "Reflections", fora editado primeiramente em Nova York pela Harcourt, Brace & World, em 1970, e reimpresso, como parte do livro *Crises of the Republic*, também em 1970. Veja-se a Bibliografia Cronológica das Obras de Hannah Arendt, em E. Young-Bruehl, op. cit, p. 439 e 448.
5 Carta de Mary McCarthy a Hannah Arendt, 19 de março de 1969, *Entre Amigas...*, p. 226.

lhe faz um pedido: "Sabe que vou publicar 'Reflections on Violence' em livro com Bill [Jovanovich]. Eu gostaria muitíssimo de dedicá-lo a você. Tudo bem?"[6].

Sim, tudo estaria bem. A resposta de Mary McCarthy à consulta sobre a dedicação do livro não poderia ser mais sensível: "*Por favor*, me dedique 'Violência'; sua vontade é uma honra, um prazer, uma emoção"[7].

Com efeito, "For Mary in Friendship", a homenagem feita por Arendt pode ser interpretada não apenas como um exemplo dos estreitos e duradouros laços de amizade e afinidade intelectual que as uniam, mas como testemunho de gratidão a McCarthy por sua antiga sugestão de ampliar e definir dois conceitos fundamentais dentro da obra arendtiana, além, é claro, de sua colaboração constante na leitura e revisão de textos inéditos. A indicação de McCarthy, possivelmente, teria suscitado em Arendt a preocupação em sistematizar suas ideias originais sobre o tema da violência, presentes já em obras anteriores, porém aliando-as às reflexões sobre o momento de efervescência política e intelectual pelo qual o mundo passava, sobretudo no final dos anos sessenta.

Arendt e McCarthy ainda trocariam, ao menos, duas correspondências a respeito da elaboração do livro: uma, datada de 23 de setembro de 1969, quando Mary, de Paris, envia o manuscrito que corrigira e no qual anexara sugestões a Arendt[8]; e outra, em resposta, procedente de Nova York, em 17 de outubro do mesmo ano, em que Arendt afirma ter acatado duas das modificações sugeridas[9].

No entanto, a troca de ideias entre "as amigas" não se limitava a aspectos técnicos de linguagem ou detalhes sobre acontecimentos presentes. Na verdade, a leitura das cartas, especialmente do período de fevereiro de 1967 a novembro de 1970 – que constituiria a quarta parte do livro em questão –, revela um diálogo constante, aberto e rico, acerca de temas a serem tratados, teoricamente, nos ensaios de Arendt ou,

---

6 Carta de Hannah Arendt a Mary McCarthy, 19 de maio de 1969, op. cit., p. 226-227.
7 Cf. Carta de Mary McCarthy a Hannah Arendt, procedente de Paris, em 22 de maio de 1969, op. cit., p. 228.
8 Op. cit., p. 235-236.
9 Op. cit., p. 238.

literariamente, no caso dos romances e trabalhos jornalísticos de McCarthy.

Assim é que durante todo o ano de 1968, por inúmeras vezes, tocaram em temas densos e polêmicos que tomavam de assalto o cenário político mundial – Guerra do Vietnã, Rebelião Estudantil, Movimento *Black Power*, a presença da "Nova Esquerda" na França –, assuntos estes que estariam presentes de forma mais elaborada em textos como o da "Violência".

Particularmente, no que diz respeito à onda de violência presente, em 1968, nas ruas de Nova York, Arendt, inquieta, expressa a Mary McCarthy suas "impressões" nos seguintes termos:

ao menos aqui, criminalidade nas ruas. O que não é tão surpreendente, se lembrarmos que cada criminoso, do ladrão de bancos ao batedor de carteiras, tem dez chances contra uma de nunca ter problemas. A verdade do assunto é que a polícia é [*sic*] absolutamente incompetente e provavelmente também não está disposta a fazer nada a respeito da criminalidade nas ruas. Estima-se que cerca de 50% das agressões, assaltos com violência etc., nunca nem são registrados. Parece apenas natural que a polícia demonstre cada vez mais propensão e entusiasmo em bater em manifestantes que, afinal de contas, são presas fáceis e geralmente muito inofensivas (comparativamente falando). Nenhum trabalho ligado a isso e pouco perigo. A falação sociológica intelectualóide sobre "raízes e causas" [da criminalidade nas ruas] me parece não passar de engodo[10].

Portanto, o recurso à leitura atenta dessa correspondência, além de ter possibilitado a obtenção de outras facetas acerca do perfil intelectual e mesmo emocional de Hannah Arendt, permitiu igualmente traçar um provável percurso de elaboração do texto da "Violência", e as possíveis inquietações que o suscitaram.

Este estudo pretende compreender o conceito de violência em Hannah Arendt, notadamente em seu ensaio-título, de 1969-1970, e apoiado por obras de caráter nitidamente político como *On Revolution*, *The Origins of Totalitarianism*, *Eichmann in Jerusalem*, *Civil Disobedience*, e naturalmente, *Human Condition*.

---

10 Carta de Nova York para McCarthy, expedida em 21 de dezembro de 1968, op. cit., p. 222. Também em "Desobediência Civil", discorrendo a respeito desse problema, Arendt atribui como causa do crescimento da criminalidade basicamente o não cumprimento às leis, *Crises da República*, p. 64-65 e s.

Isto porque, ao que parece, *o tema da violência está presente, ora de modo pulverizado, ora numa forma mais incisiva, em toda a obra da pensadora alemã.*

Não obstante as ambiguidades a que o termo "compreensão" está sujeito, Arendt parece aceitar a distinção entre *explicar* e *compreender*: enquanto a *explicação* volta-se para a determinação de nexos causais de um fenômeno, especialmente entre as ciências "naturais", a *compreensão* refere-se à busca de significações, de sentido das ações humanas, numa perspectiva social e histórica.

"Conhecimento e compreensão não são a mesma coisa, mas interligam-se"[11]. Nesta vinculação há, em Arendt, um predomínio da atividade de compreensão. "A compreensão baseia-se no conhecimento e o conhecimento não pode se dar sem que haja uma compreensão inarticulada, preliminar [...] A compreensão preliminar, que está na base de todo conhecimento, e a verdadeira compreensão, que o transcende, têm isso em comum: conferem significado ao conhecimento"[12]. Ao valorizar o papel do senso comum como primeira forma de compreensão humana, integrando à atividade cognitiva do cientista[13], Arendt estende a *todos os homens* a necessidade contínua e a responsabilidade de perceber sentidos e significados em suas ações, atribuindo ao processo de compreensão um caráter "ontológico", inerente à própria condição humana. "A compreensão começa com o nascimento e termina com a morte"[14].

Atividade interminável e maneira especificamente humana de estar vivo, diferente da reflexão ou do sentimento, e próxima da faculdade de julgar, a compreensão teria se enfraquecido no mundo moderno.

O paradoxo da situação moderna parece ser o de que nossa necessidade de transcender tanto a compreensão preliminar quanto a abordagem estritamente científica origina-se no fato de termos perdido nossos instrumentos para compreender. Nossa busca de

---

11 *A Dignidade da Política*, p. 42.
12 Idem, ibidem.
13 Para Arendt, "a verdadeira compreensão sempre retorna aos juízos e preconceitos que precederam e orientaram a investigação estritamente científica". *A Dignidade da Política*, p. 42.
14 Idem, p. 39.

significado é ao mesmo tempo estimulada e frustrada por nossa inabilidade de produzir significado[15].

Arendt acredita que seja preciso estabelecer, ora o *distanciamento* de objetos próximos, ora a *aproximação* de outros, mais longe, para bem exercer a importante atividade de compreensão, a qual seria constituída pela "faculdade de imaginação". Distinta da fantasia e identificada com mente clara e alargada, é esse tipo de imaginação que nos capacita a nos orientar no mundo[16]. Em Arendt,

somente a imaginação nos permite ver as coisas em suas perspectivas próprias; só ela coloca a uma certa distância o que está próximo demais para que possamos ver e compreender sem tendências ou preconceitos; e só ela permite superar os abismos que nos separam do que é remoto, para que possamos ver e compreender tudo o que está longe demais como se fosse assunto nosso. Esse "distanciamento" de algumas coisas e aproximação de outras pela superação de abismos faz parte do diálogo da compreensão, para cujas finalidades a experiência direta estabelece um contato próximo demais e o mero conhecimento ergue barreiras artificiais[17].

Assim, ao afirmar que temos como desafio procurar *compreender o conceito de violência*, estamos utilizando o termo "compreensão" em um sentido eminentemente arendtiano, de *encarar e, de certa maneira, sobrepor-se à crueza de certos fatos dominantes em nosso século, tais como a violência*. Com efeito, *compreender* "significa, antes de mais nada, examinar e suportar conscientemente o fardo que o nosso século colocou sobre nós – sem negar sua existência, nem vergar humildemente ao seu peso. Compreender significa, em suma, encarar a realidade sem preconceitos e com atenção, e resistir a ela – qualquer que seja"[18].

Em poucas palavras, trata-se de admitir a realidade do fenômeno da violência, perguntar sobre sua natureza e consequências para este mundo no qual vivemos e pelo qual de algum modo, somos responsáveis.

---

15 Idem, p. 44-45.
16 Idem, p. 53.
17 Idem, ibidem.
18 *Origens do Totalitarismo*, p. 12.

Violência e Poder

> A terra está de todo quebrantada, ela totalmente se rompe, a terra violentamente se move.
>
> *Isaías* 24, 19

Ao levantar a questão da violência no âmbito da política, em seu ensaio *On Violence*, Arendt concorda com Georges Sorel[1], que havia afirmado, no início do século XX, a permanência dos problemas da violência na obscuridade. Embora se reconheça o importante papel que desempenhou na história e na política da humanidade, a violência, enquanto objeto de investigação teórica, tem merecido pouca atenção dos estudiosos. A violência e sua arbitrariedade eram tidas ou como fenômenos banais, tornando irrelevante o seu estudo, uma vez que "ninguém questiona ou examina o que é óbvio para todos"[2]; ou como um fenômeno marginal, de exceção, algo que rompe e provisoriamente interrompe a continuidade de um processo que deve ser retomado, uma vez eliminadas as causas da ação violenta. Por outro lado, a existência de extensa produção teórica sobre a guerra e os combates revela, segundo Arendt, tratar-se de estudos sobre *implementos*, e não acerca da própria violência[3]. Se fora verdade que na década de 1960 a violência não era

---

1 G. Sorel, Prefácio da Primeira Publicação, *Reflexões Sobre a Violência*, p. 65.
2 H. Arendt, *Sobre a Violência*, p. 16.
3 Idem, p. 96, n. 6.

estudada, hoje, momento em que se aguçaram e se radicalizaram seus fenômenos, a afirmação de Sorel parece ser ainda apropriada, muito embora a teoria de Hannah Arendt tenha contribuído significativamente para um avanço na abordagem do fenômeno.

Com efeito, a concepção arendtiana acerca da violência irá se opor a toda uma linha de pensamento político ocidental que associa a violência à demonstração de poder e tem, na teoria do Estado de Max Weber, um de seus mais importantes representantes. Em "A Política como Vocação", citando Trótski, Weber afirma que todo Estado se funda na força[4]; e a violência, embora não seja o único instrumento do Estado, é, no entanto, seu meio específico. Por Estado – Estado contemporâneo –, entenda-se "uma comunidade humana que, dentro dos limites de determinado território – a noção de território corresponde a um dos elementos essenciais do Estado – reivindica *o monopólio do uso legítimo da violência física*"[5].

Há, portanto, em Weber, o equacionamento do uso legítimo da violência pelo Estado com a função principal de perpetuar a dominação do homem sobre o homem para assegurar a manutenção do poder político[6].

É, no entanto, inteiramente outra a posição de Hannah Arendt[7] acerca do poder político e da violência. Ainda que frequentemente apareçam juntos, confundindo-se, há uma distinção conceitual entre ambos, na medida em que se opõem. Para ela, ocorre uma precedência do poder sobre a violência. Também é preciso tratar a violência em sua especificidade, e separá-la de seus implementos, com os quais muitas vezes se confunde; e, por sua banalização e arbitrariedade no plano dos fatos, teria permanecido como fenômeno marginal na tradição do pensamento filosófico.

Assim, o objetivo de Arendt será empreender uma análise da questão da violência política pelo viés de sua concepção

---

4 *Ciência e Política: Duas Vocações*, p. 56.
5 Idem, p. 57.
6 Idem, ibidem.
7 Em Arendt, a concepção tradicional de Estado como detentor dos meios legítimos de emprego da violência só seria cabível dentro de uma perspectiva marxista, na qual a classe dominante se serve do Estado para realizar a opressão. Cf. *Sobre a Violência*, p. 31.

original de poder político. Ao rejeitar o consenso existente entre os teóricos políticos de que a violência é a manifestação do poder, ela revisitará outras concepções sobre o poder, como as de Bertrand de Jouvenel. Segundo esse filósofo, há uma vinculação da guerra à essência dos Estados, ao que Arendt parece se opor, visto que, uma vez finda a guerra, seria razoável supor o fim do Estado e o fim do poder, o que parece duvidoso, dependendo, no entanto, da concepção de poder aí subjacente. Jouvenel parece partilhar com Clausewitz[8] a ideia de que a essência do poder está no comando e na obediência, isto é, na efetividade do comando.

Arendt descarta esta posição, pois não estão sendo considerados os motivos da ação, ou ainda, não são discernidos o poder legítimo (ou a ação violenta legítima) do ilegítimo (ação violenta ilegítima).

A seguir, Arendt examina a posição, não tão radical, de Alexander Passerin d'Entrèves, o qual em *A Noção do Estado* reconhece a importância de se distinguir violência e poder. Porém, o seu esforço tem limitações pelo fato de enfatizar o que ele chama de "força qualificada". Força qualificada é aquela usada de acordo com a lei; nesse caso, ela deixa de ser força para se tornar poder – ou força institucionalizada –, isto é, tudo se reduz à violência.

A conclusão de Arendt é que essas concepções não são adequadas para se pensar o fenômeno do poder e da violência: "enquanto os autores acima citados definem a violência como a mais flagrante manifestação do poder, Passerin d'Entrèves define o poder como uma forma de violência mitigada. Em última análise, isto vem a ser o mesmo"[9].

Arendt rejeita a ideia de um instinto inato existente no homem de dominação e agressividade, assim como a concepção de que, naturalmente, alguns homens estariam mais propensos a obedecer e outros a mandar. Para fundamentar sua posição, Arendt recorre à Antiguidade grega e afirma que a instituição da economia escrava na Grécia tinha a finalidade de "liberar

---

8 Clausewitz, em sua obra *Sobre a Guerra*, iria um pouco além ao identificar o poder a um ato de violência cuja finalidade é a obtenção da obediência aos nossos desejos. Descrito por H. Arendt, op. cit., p. 32.
9 Op. cit., p. 32.

os cidadãos do fardo dos afazeres domésticos e permitir que adentrassem a vida pública da comunidade onde todos eram iguais; *se fosse verdade que nada é mais doce do que dar ordens e dominar os outros, o senhor jamais teria abandonado seu lar*"[10].

Na verdade, em seu Apêndice XI, Arendt insistirá no caráter mais diretivo e menos imperativo das leis, as quais orientam o relacionamento humano, como o fazem as regras de um jogo[11]. A tese que Arendt sustenta é a de que, com base em dois conceitos fundamentais – de *isonomia*, ou "igualdade perante a lei", retirado da cidade-Estado grega, e *civitas*, ou "condição de cidadão, direito de cidadão", buscado no mundo romano – é possível chegar a um conceito de poder e lei, cuja essência não se baseie na relação mando-obediência, e que não identifique poder e domínio ou lei e mando.

A originalidade da concepção do poder, em Hannah Arendt, está em situar a fonte de todo o poder não nas leis, nem na quantidade de implementos de violência para perpetuar a dominação, mas no *povo*: "é o apoio do povo que confere poder às instituições de um país, e este apoio não é mais do que a continuação do consentimento que trouxe as leis à existência"[12]. Pode-se perceber como Arendt valoriza o caráter coletivo e criativo do poder: o consentimento, uma vez atribuído, não é definitivo e imutável; ao contrário, precisa ser continuamente atualizado.

Infelizmente, afirma Arendt, a ciência política não opera uma distinção entre palavras-chave como "poder" (*power*), "vigor" (*strength*), "força" (*force*), "autoridade" (*authority*) e "violência" (*violence*), exatamente porque são utilizadas como sinônimos para indicar os meios através dos quais ocorre a dominação. Para Arendt, os assuntos públicos não devem ser reduzidos à questão de domínio, por isso a necessidade de redefini-los. O poder, assim o define Arendt:

corresponde à habilidade humana não apenas para agir, mas para agir em concerto. O poder nunca é propriedade de um indivíduo; pertence a um grupo e permanece em existência apenas na medida

---
10 Idem, p. 34. Grifos nossos.
11 Idem, p. 75.
12 Idem, p. 34.

em que o grupo conserva-se unido [...] A partir do momento em que o grupo, do qual se originara o poder desde o começo (*potestas in populo*, sem um povo ou grupo não há poder), desaparece, "seu poder" também se esvanece[13].

Note-se aqui a fluidez de que se reveste o conceito de poder. Enquanto resultado de uma ação coletiva, só se manterá à medida que as pessoas que deram origem a ele permanecerem unidas.

Quanto ao *vigor*, trata-se de uma característica individual que se manifesta quando confrontada a outros seres. Nas palavras de Arendt: "o *vigor* inequivocamente designa algo no singular, uma entidade individual; é a propriedade inerente a um objeto ou pessoa e pertence ao seu caráter, podendo provar-se a si mesmo na relação com outras coisas ou pessoas, mas sendo essencialmente diferente delas"[14].

Já a palavra *força* "deveria ser reservada, na linguagem terminológica, às 'forças da natureza' ou à 'força das circunstâncias' (*la force des choses*), isto é, deveria indicar a energia liberada por movimentos físicos ou sociais"[15]. Assim, ter-se-ia o emprego dessa palavra bastante reduzido, perdendo, portanto, o seu significado como forma ou meio de coação no âmbito político.

A *autoridade*, termo bastante deturpado em seu uso, refere-se em Arendt substancialmente ao que ela nomeia de "reconhecimento" e "respeito", tanto a pessoas como a cargos ou postos hierárquicos: "sua insígnia é o reconhecimento inquestionável por aqueles a quem se pede que obedeçam; nem a coerção nem a persuasão são necessárias [...] Conservar a autoridade requer respeito pela pessoa ou pelo cargo. O maior inimigo da autoridade é, portanto, o desprezo, e o mais seguro meio para miná-la é a risada"[16]. Assim, para que haja obediência à autoridade pressupõe-se a aceitação – tanto dos que mandam como

---

13 Idem, p. 36. Arendt enfatiza o caráter de potencialidade do poder. Ela afirma em *A Condição Humana*: "é o poder que mantém a existência da esfera pública, o espaço potencial da aparência entre homens que agem e falam [...] O poder é [...] um potencial de poder, não uma entidade imutável, mensurável e confiável como a força", p. 212.
14 *Sobre a Violência*, p. 37.
15 Idem, ibidem.
16 Idem, ibidem.

dos que obedecem – dessa hierarquia, em que a persuasão não se faz necessária, por estar ligada a relações de igualdade – e não de subordinação, e operar por meio de um processo de argumentação. Exclui-se também o emprego de meios violentos, uma vez que isso representa a falência da própria autoridade enquanto tal[17]. O riso e o desprezo, ao se constituírem em distanciamento, desafio e até superação da estrutura hierárquica, acabam por minar a autoridade em sua base – o reconhecimento e o respeito.

A especificidade da *violência* está em seu caráter instrumental: "fenomenologicamente, ela está próxima do vigor, posto que os implementos da violência, como todas as outras ferramentas, são planejados e usados com o propósito de multiplicar o vigor natural até que, em seu último estágio de desenvolvimento, possam substituí-lo"[18]. Embora passíveis de ser encontrados juntos na realidade, em Arendt, autoridade, poder e violência não se confundem teoricamente.

A dissociação entre violência e poder é fundamental para que se possa compreender o "poder do governo", o qual se constitui em um dos casos especiais de exercício do poder. Ainda que não raro sejamos tentados a admitir o uso de violência pelo poder do governo, para preservar esse mesmo poder, Arendt rejeita essa forma usual de pensar e utiliza-se do exemplo das revoluções para atestar a ascendência fundamental do poder sobre a violência. A história do século XX desmente a tese de alguns teóricos da revolução, os quais afirmam a diminuição das chances de revolução em governos bem munidos com armas poderosíssimas. Segundo Arendt, "a lacuna entre os meios de violência possuídos pelo Estado e aquilo que o povo pode juntar por si mesmo – de garrafas de cerveja a coquetéis Molotov e armas – sempre foi tão imensa que as melhorias técnicas dificilmente fazem qualquer diferença"[19].

O governo é vitorioso apenas durante o tempo em que a estrutura de poder se mantiver intacta, isto é, enquanto os comandos forem obedecidos, pois a obediência nada mais é do que a exteriorização de apoio e consentimento: "onde os

---

17 H. Arendt, Que é Autoridade?, *Entre o Passado e o Futuro*, p. 129.
18 *Sobre a Violência*, p. 37.
19 Idem, p. 38-39.

comandos não são mais obedecidos, os meios da violência são inúteis; e a questão desta obediência não é decidida pela relação de mando e obediência, mas pela opinião e, por certo, pelo número daqueles que a compartilham"[20]. Em outras palavras, para a utilização eficaz dos meios de violência é necessário que haja uma base mínima de poder.

Assim, o governo *não se funda* na violência, *não é* a institucionalização da violência: "O poder é de fato a essência de todo governo, mas não a violência. A violência é por natureza instrumental; como todos os meios, ela sempre depende da orientação e da justificação pelo fim que almeja. E aquilo que necessita de justificação por outra coisa não pode ser a essência de nada"[21].

O poder, tal como a paz, é considerado como um *em-si*. As reflexões empreendidas por Arendt apontam para uma nova concepção de poder, fundada na ação política de homens reunidos, e na palavra ou no discurso. Na verdade, o problema central de Arendt está em discutir a essência de todo governo, essência que, em sua teoria política, é o poder.

Pelo seu caráter instrumental e por se opor diametralmente ao poder, analisar o que é violência política, em Arendt, é analisar o poder *pelo que ele não é*.

Com efeito, se a violência foi, de fato, pensada como fenômeno marginal ao longo da história da filosofia, parece plausível afirmar que, também em Arendt, isto de certa forma ocorre. Ao sustentar, por repetidas vezes, que o que existe é o poder, e que tudo o que representa um decréscimo a ele é um convite à violência, a caracterização arendtiana aparece como recurso metodológico, como forma mais adequada para circunscrever o que seja poder, o qual, na verdade, parece constituir-se em seu objeto primordial de investigação.

Até o momento, tentamos delinear a maneira pela qual Arendt opera a distinção entre alguns termos fundamentais da ciência política – distinção tida como necessária para se pensar adequadamente a dominação. Procuraremos agora traçar, de

20 Idem, p. 39.
21 Idem, p. 40-41.

modo mais específico, os limites e aproximações de ambos os conceitos – violência e poder.

"A forma extrema de poder é o Todos contra Um, a forma extrema da violência é o Um contra Todos. E essa última nunca é possível sem instrumentos"[22]. Com essa asserção, Arendt aponta para uma das características fundamentais da oposição entre poder e violência. O poder necessita de números: ele está no povo e depende da *ação conjunta de homens iguais entre si, a qual resulta do diálogo e do embate de opiniões*. O poder sempre representa um fim em si mesmo. A violência, ao contrário, é um meio e depende, para sua maior eficácia, de implementos. Sendo um fim em si mesmo, o poder pode, no entanto, servir como meio para que governos atinjam objetivos estabelecidos. Porém, "a própria estrutura de poder precede e supera todas as metas, de sorte que o poder, longe de ser o meio para um fim, é de fato a própria condição que capacita um grupo de pessoas a pensar e agir em termos das categorias de meios e fins"[23].

Por depender de números e opiniões, o poder exclui o emprego da violência; é um processo criativo, baseado no consentimento, o qual lhe garante a legitimidade. "O poder não precisa de justificação, sendo inerente à própria existência das comunidades políticas; o que ele realmente precisa é de legitimidade"[24]. Esta deve ser buscada no passado, no ato mesmo de fundação de um poder: "o poder emerge onde quer que as pessoas se unam e ajam em concerto, mas sua legitimidade deriva mais do estar junto inicial do que de qualquer ação que então possa seguir-se. A legitimidade, quando desafiada, ampara-se a si mesma em um apelo ao passado, enquanto a justificação remete a um fim que jaz no futuro"[25].

Já a violência necessita de justificativas; na verdade, ela só poderá ser justificada, de acordo com Arendt, quando se constituir em ameaça iminente – ou ao indivíduo, em caso de legítima defesa pessoal, ou ao corpo político, como no caso de um criminoso desafiar a autoridade da lei. Excetuando-se esse caso, não é possível justificar a violência. Diferentemente do poder,

---

22 Idem, p. 35.
23 Idem, p. 41.
24 Idem, ibidem.
25 Idem, ibidem.

ela nunca será legitimada. Por ter que se reportar ao futuro, a violência será menos passível de justificação quanto mais o alvo de sua ação perder esse caráter de perigo próximo[26].

Em seu livro II, no capítulo V – "Do Direito de Vida e Morte" –, do *Contrato Social*, Rousseau já tinha estabelecido as condições de possibilidade e legitimidade do uso da violência, no âmbito individual e do Estado, que parecem ter ressonância no pensamento de Arendt. Afirma Rousseau: "Todo homem tem direito de arriscar sua própria vida a fim de conservá-la"[27]. De modo semelhante, o Estado pode e deve agir por meios violentos sobre indivíduos cuja ação se constitua em ameaça à existência do próprio corpo político – *mas só e tão somente neste caso*. "Não se tem o direito de matar, mesmo para exemplo, senão aquele que se não pode conservar sem perigo"[28].

Com efeito, considerando que uma das funções principais do Estado é a conservação da liberdade do indivíduo, por meio da vontade geral, aquele que se recusar a obedecer a essa vontade, expressa em leis, sofrerá necessariamente constrangimento. Nas palavras do próprio Rousseau, "a fim de que [...] o pacto social não seja um formulário em vão, ele contém tacitamente esta obrigação, a única que pode dar força às outras, que aquele que se recusar a obedecer à vontade geral a isto será constrangido por todo o corpo: o que não significa outra coisa a não ser que será forçado a ser livre"[29].

Note-se que a violência imposta a um particular, desviante da vontade geral, é entendida por Rousseau como *obrigação do Estado*. Isso porque

todo malfeitor, ao atacar o direito social, torna-se, por seus delitos, rebelde e traidor da pátria; cessa de ser um de seus membros ao violar suas leis, e chega mesmo a declarar-lhe guerra. A conservação do Estado passa a ser então incompatível com a sua; é preciso que um dos dois pereça, e quando se condena à morte o culpado, se o faz menos na qualidade de Cidadão que de inimigo. Os processos e a sentença constituem as provas e a declaração de que o criminoso

---

26 Idem, ibidem.
27 J.-J. Rousseau, *Du contract social*, II, V, *Œuvres complètes*, III, p. 376.
28 Idem, p. 377.
29 Idem, I, VII, p. 364.

rompeu o tratado social, e, por conseguinte, deixou de ser considerado membro do Estado[30].

Assim, a condição de liberdade do homem está subordinada à obediência à lei: aquele que não a cumpre, deixa de ser uma pessoa moral para ser apenas um homem, devendo, portanto, ser afastado do convívio da sociedade ou pela extradição, ou pela morte[31].

Nesse sentido, é possível entrever uma aproximação entre Arendt e Rousseau, no que se refere aos dois casos em que o emprego da violência é justificado. A utilização da expressão "todos contra um" para descrever o "poder", e "um contra todos" para caracterizar a "violência", mostra-se adequada também para simbolizar a concepção de poder e violência do filósofo genebrino. Com apenas duas ressalvas: Rousseau parece mais enfático, mais incisivo, quando adverte sobre a necessidade do emprego da violência pelo corpo político – uma obrigação, no plano do direito público – a fim de salvaguardar a sua existência ameaçada. Em segundo lugar, e isto é o que garante a especificidade da concepção arendtiana, trata-se da ênfase em caracterizar a violência como um fenômeno intimamente associado ao emprego de instrumentos[32], ideia que, ao que parece, não estaria expressa, explicitamente, em Rousseau. De qualquer modo, supõe-se, Arendt não teria feito menção a esse traço rousseauísta presente em suas ideias a respeito das condições de legitimidade do uso da violência. Não obstante, tanto Rousseau como Arendt teriam herdado de Aristóteles essa concepção sobre a ilegitimidade da violência.

30 Idem, II, V, p. 376-377.
31 Idem, p. 377.
32 Conforme observa a própria H. Arendt, Engels já teria notado a necessidade de implementos para o exercício da violência, *Sobre a Violência*, p. 13. No *Anti-Dühring*, Engels assim declara: "a violência não é um simples ato de volição, mas exige, para sua realização, condições prévias muito reais, em particular *instrumentos*, dos quais o mais perfeito triunfa sobre o mais rudimentar; [...] por outro lado, esses instrumentos devem ser produzidos, o que quer dizer que também o produtor de instrumentos mais perfeitos triunfa sobre o produtor de instrumentos menos perfeitos, e que, numa palavra, a vitória da violência assenta (grosseiramente falando de armas) na produção militar, a qual, por sua vez, assenta na produção em geral... assenta, portanto, no 'poder econômico', no 'Estado econômico' – nos meios *materiais* que estão à disposição da violência". Teoria da Violência, *Friedrich Engels: Política*, p. 172.

Com efeito, é na "Introdução" à *Política* que se encontram alguns fundamentos políticos do pensamento aristotélico (o homem como "ser que fala" e o homem enquanto "ser político")[33], de algum modo presentes também em Arendt e Rousseau. Seria talvez nesse mesmo excerto que se teria um esboço daquilo que poderíamos chamar de *teoria da violência* em Aristóteles.

À exceção dos povos bárbaros, assim considerados por não serem capazes de estabelecer a distinção entre mulheres e escravos – entre os gregos, cabia à mulher um lugar acima do escravo; no entanto, mulheres e escravos eram considerados seres inferiores, e, exatamente por essa condição de inferioridade, sofriam a dominação –, os homens devem viver em harmonia entre si. Ao remontar à origem da Cidade, Aristóteles encontra uma *base biológica*, portanto natural (a família, a reunião do homem e mulher), capaz de explicar tanto *a vida em sociedade* (a reunião dos homens) como *a dominação* (a existência "natural" de comando – no homem – e de submissão – na mulher), em função também de uma *base racional*, lógica, portanto natural, em que o comando deve estar nas mãos do ser melhor dotado intelectualmente. Assim, sendo o animal humano um ser frágil e dependente, não poderia e não deveria agredir seus semelhantes, mas sim procurar estabelecer com eles uma convivência baseada no entendimento mútuo. Na verdade, o que garante a coesão social, a sustentação da Cidade, é a insuficiência. "Nenhum [ser humano] pode bastar-se a si mesmo. Aquele que não precisa dos outros homens, ou não pode resolver-se a ficar com eles, ou é um deus, ou um bruto"[34]. Enfim, em Aristóteles, os homens são levados à vida em sociedade por natureza, por inclinação natural.

Bastar-se a si mesma é uma meta a que tende toda a produção da natureza e é também o mais perfeito Estado. É, portanto, evidente que toda Cidade está na natureza e que o homem é naturalmente feito para a sociedade política. Aquele que, por sua natureza e não por obra do acaso, existisse sem nenhuma pátria seria um indivíduo detestável, muito acima ou muito abaixo do homem [...] Aquele que

---

33 *A Política*, p. 1-5.
34 Idem, p. 5. Em Arendt, é o caráter de *pluralidade*, antes que a insuficiência, que une os homens. Cf. *A Condição Humana*, p. 246.

fosse assim por natureza só respiraria a guerra, não sendo detido por nenhum freio e, como [...] ave de rapina, estaria sempre pronto para cair sobre os outros[35].

Um ser assim constituído seria um bruto, uma vez que só aos deuses é concebido bastar-se a si mesmo.

Para Aristóteles, o maior dos bens é a vida em sociedade, e o pior é a injustiça. "O primeiro [homem] que a instituiu, trouxe-lhe o maior dos bens. Mas, [...] como o homem civilizado é o melhor de todos os animais, aquele que não conhece nem justiça nem leis é o pior de todos"[36]. Pior porque se despoja de sua humanidade para manter sua existência ao nível biológico. O que Aristóteles chama aqui de "injustiça" parece ser o que nós, modernos, consideraríamos *violência*, desrespeito às leis, com a diferença de que, para ele, trata-se de infringir a própria *natureza*, tida, ela mesma, como uma lei, que é a vida social, em que é possível obter não apenas a sobrevivência, mas também a felicidade moral. É por meio da linguagem – que nos distancia das meras bestas – que podemos atingi-la. Temos, diferentemente dos animais, "senão o conhecimento desenvolvido, pelo menos o sentimento obscuro do bem e do mal, do útil e do nocivo, do justo e do injusto, objetos para a manifestação dos quais nos foi principalmente dado o órgão da fala. Este comércio da palavra é o laço de toda sociedade doméstica e civil"[37].

Contudo, se a injustiça, ou violência, é condenável, ela o será mais ainda se exercida com o auxílio de armas ou implementos. Afirma Aristóteles: "não há nada, sobretudo, de mais intolerável do que a injustiça armada", isto é, a utilização de instrumentos de violência para praticar iniquidades. E continua: "por si mesmas, as armas e a força são indiferentes ao bem e ao mal: é o princípio motor que qualifica seu uso. Servir-se delas sem nenhum direito e unicamente para saciar suas paixões rapaces ou lúdicas é atrocidade e perfídia. Seu uso só é lícito para a justiça. O discernimento e o respeito ao direito formam a base da vida social e os juízes são seus primeiros órgãos"[38].

---

35 Aristóteles, op. cit., p. 4.
36 Idem, p. 5.
37 Idem, p. 4.
38 Idem, p. 5.

Em outras palavras, o uso da violência aliado a instrumentos é prerrogativa da justiça e do direito instituídos pela cidade, e, ao que parece, só permitido em último caso, uma vez que, não a violência, mas a união entre os cidadãos, baseada na noção grega de *philia*, amizade, é que serve de fundamento ao Estado. Ainda com relação ao emprego das armas, é possível considerar a posição aristotélica – profundamente clara e razoável – como adequada para, de algum modo, lançar uma luz sobre os debates travados em nossa "pós-modernidade", em que se discutem os benefícios ou malefícios dos avanços da ciência aplicada: em si mesmos esses implementos não trazem nenhum juízo moral; é, na verdade, a sua utilização, ou intenção de uso, que determina o seu caráter. Contudo, Aristóteles não poderia entrever a enorme potencialização, revelada em Arendt, daquilo que ele dominou de *perfídia* e *atrocidade*, fenômenos banais no mundo contemporâneo.

Ao ressaltar o caráter instrumental da violência e não do poder, Arendt contrapõe-se à afirmação de Mao Tsé-Tung de que "o poder brota do cano de uma arma"[39]. Segundo ela, o revolucionário chinês não teria interpretado corretamente as ideias de Marx a respeito da violência. Para ela, a violência tem apenas um caráter destrutivo – baseado na atomização dos indivíduos, no uso de instrumentos, na ausência da palavra. "A violência sempre pode destruir o poder; do cano de uma arma emerge o comando mais efetivo, resultando na mais perfeita e instantânea obediência. O que nunca emergirá daí é o poder"[40].

Portanto, do reconhecimento presente em situações em que o poder é dominante, passa-se para a presença do medo e da obediência forçada onde ele cedeu lugar à violência. "O domínio pela pura violência advém de onde o poder está sendo perdido"[41]. Quando o poder não consegue mais desempenhar uma de suas funções – restringir e escorar a violência –, prenuncia-se a destruição de todo o poder[42].

---

39 Citado em H. Arendt, *Sobre a Violência*, p. 18.
40 Idem, p. 42.
41 Idem, ibidem.
42 Idem, p. 43.

Arendt não acredita, como Marx, que a violência seja capaz de reconstruir o poder dialeticamente. A aplicação da dialética ao estudo da violência é, para ela, perigosa, porque a violência não deriva de seu oposto, o poder[43], mas da sua perda ou ausência.

Politicamente falando, é insuficiente dizer que poder e violência não são o mesmo. Poder e violência são opostos; onde um domina absolutamente, o outro está ausente. A violência aparece onde o poder está em risco, mas, deixada a seu próprio curso, ela conduz à desaparição do poder. Isto implica ser incorreto pensar o oposto da violência como a não violência; falar de um poder não violento é de fato redundante. A violência pode destruir o poder; ela é absolutamente incapaz de criá-lo[44].

Assim, poder e não violência são termos correlatos; a não violência, fenômeno também político, estaria associada a uma forma mais passiva de manifestação do poder. Com efeito, expressa comumente pela desobediência, ou contestação civil, a não violência caracteriza-se pelo desrespeito às leis de forma clara e objetiva, pelas minorias organizadas que agem publicamente, movidas por aspirações comuns[45]. Essa violação deliberada implica não apenas o reconhecimento da legalidade de tais ordenações, mas também a disposição em aceitar a punição prescrita[46].

Atuando através dos mesmos meios utilizados por grupos de pressão política em sociedades democráticas – persuasão, opinião qualificada e número de membros –, a desobediência civil é considerada por Arendt quase como um poder auxiliar na tarefa de governar um Estado: "estas minorias de opinião poderiam [...] estabelecer-se como um poder que não fosse somente 'visto ao longe' durante passeatas e outras dramatizações de seus pontos de vista, mas que estivesse sempre presente e fosse considerado nos negócios diários do governo"[47].

Ao procurar investigar a natureza e as causas da violência, Arendt conclui pela não irracionalidade, nem bestialidade da violência. Para Arendt, a violência é um fenômeno cultural que

---

43 Idem, p. 44.
44 Idem, ibidem.
45 H. Arendt, Desobediência Civil, *Crises da República*, p. 87-88.
46 Idem, p. 52.
47 Idem, p. 89.

advém da tentativa de arrancar as máscaras da hipocrisia e da mentira, e da consciência de uma injustiça ter sido praticada. A hipocrisia é uma forma de falsidade que se aproxima da mentira, é palavra que esconde e não revela – a distinção entre ambas está em que a mentira é revelada depois de certo tempo. "Só podemos nos fiar nas palavras se estamos certos de que sua função é a de revelar, e não a de esconder. É a aparência de racionalidade, muito mais do que os interesses por trás dela, que provoca o ódio"[48]. De fato, há um lugar-comum que sustenta que a violência deriva do ódio; no entanto, o ódio não se constitui em reação automática à miséria e ao sofrimento, mas aparece quando se suspeita da existência de injustiças, de não transparência nos atos e nas palavras.

Arendt aponta para o aumento do perigo, na violência coletiva, em que se gera uma espécie de "solidariedade" entre os homens violentos, buscando sempre uma "nova" ordem política e uma "nova" humanidade. Essa esperança se constitui em ilusão "pela simples razão de que nenhum relacionamento humano é mais transitório do que esta forma de irmandade, que só pode ser realizada sob condições extremas de perigo imediato para a vida"[49].

O outro perigo identificado por Arendt é representado pelo florescimento da filosofia do vitalismo, inspirada em Bergson e Nietzsche, a qual associa "força vital" à "criatividade da violência" (Sorel). Essa ameaça é ampliada pelo enorme desenvolvimento da tecnologia e seus produtos, cujos efeitos e extensão sobre a vida da humanidade não nos é possível ainda avaliar com clareza.

A violência teria um papel retórico a desempenhar, dramatizando queixas e trazendo-as à atenção pública, visando alcançar objetivos a curto prazo, e assim operar reformas em uma ordem política dada. No entanto, Arendt o alerta, também aqui há o perigo de que os meios de violência se sobreponham aos fins, e a prática da violência se instaure em todo o corpo político. Ao destruir o poder, a violência deixaria de exercer essa função retórica, restando apenas a gratuidade do próprio ato violento.

---

48 *Sobre a Violência*, p. 49.
49 Idem, p. 51.

Para Arendt, a dramatização de queixas é desempenhada de modo mais eficaz pelo contestador civil, o qual, ao aspirar a mudanças necessárias, ou apenas à preservação da ordem vigente, *sem utilização de violência*, desobedece às leis sem rejeitar a estrutura da autoridade estabelecida ou o sistema jurídico como um todo[50].

Desse modo, se, no plano individual, o emprego da violência é admitido quando se trata de defesa e preservação da própria vida, no âmbito do Estado, justifica-se a violência quando um criminoso opõe-se à obediência à lei.

Mas em Arendt há uma ocasião específica em que a violência é utilizada de modo igualmente justificado. Trata-se do fenômeno de geração do poder político, ou fundação de um novo corpo político, manifestado, sobretudo, nos atos de guerra e de revolução.

Com efeito, para instaurar uma ordem nova, acredita-se comumente ser preciso antes destruir a antiga – ou o que dela ainda resta –, e é neste momento que frequentemente se faz uso da violência. Para ilustrar ou fundamentar a sua tese de que a violência destrói o poder, mas é incapaz de criá-lo, Arendt fará um longo e sinuoso percurso histórico e político, a partir da Idade Moderna, examinando as duas grandes revoluções – a Americana, de 1776, e a Francesa, de 1789, geradoras de algo novo. Ambas as revoluções atestam o nascimento de um novo poder, poder este que necessitou do emprego de algum tipo de violência, porém não se confunde e nem se baseia nela.

Pela atenção que Arendt dedica ao ato de geração do poder – muito mais do que ao de sua manutenção –, e por sua relevância e pertinência ao estudo do tema da violência –, faz-se necessário um exame mais demorado do fenômeno da sua fundação.

Já em 1963, em seu livro *Da Revolução*, e especialmente na "Introdução", Arendt apresenta algumas noções fundamentais acerca da violência, antecipando, em certo sentido, as reflexões que seriam empreendidas, de modo mais condensado, em *Da Violência*, cerca de sete anos depois.

---

50 Desobediência Civil, op. cit., p. 70.

Atenta à presença constante da violência no cenário político do século XX, sob a forma de guerras e revoluções, o que confirmaria as previsões anteriormente feitas por Lênin, Arendt se dedicará ao estudo de ambas as manifestações de violência, considerando-as como sendo ainda as duas questões políticas básicas, sob as quais perpassa o problema da liberdade, em oposição à tirania.

Reconhecida como um dos fenômenos mais antigos da história da humanidade, a guerra teria seu objetivo atrelado à noção de liberdade[51], enquanto as revoluções só surgiriam a partir da Idade Moderna, e não estariam vinculadas a esse conceito. No entanto, o que Arendt apresenta aqui é a violência como traço característico comum, tanto de guerras como de revoluções.

Com efeito, a discussão da guerra – e o emprego justificado da violência para a obtenção da liberdade, configurando-se em centro de importante debate político da atualidade – pressupõe a distinção fundamental de que violência e relações políticas não se coadunam, não se compatibilizam. Essa distinção, como se sabe, é extraída por Arendt do modelo grego de organização social, a *polis*, a cidade-Estado cujas relações entre os cidadãos, entre os *iguais*, estavam fundadas na persuasão, nunca na violência. Sendo a violência uma espécie de constrangimento – físico ou moral –, não era empregada pelos gregos em sua forma física; no entanto, não deixavam de praticá-la em seu âmbito moral. Arendt relembra a insistência, entre os gregos, para que os condenados à morte cometessem, eles próprios, o suicídio, a fim de evitar o ato indigno da violação física por parte de seus cidadãos, costume que nos remete, de algum modo, ao exemplo eloquente da morte de Sócrates. Parece óbvio que tal concepção acerca da violência, e seu uso restrito ao campo moral, pressupõe também a existência necessária de homens cultivados, instruídos, ilustrados – os cidadãos –, e de leis que orientem sua conduta. Por outro lado, como a vida política grega estava restrita aos limites da cidade-Estado, a violência e seu emprego necessitavam de justificação nas relações ocorridas

---

51 H. Arendt, *Da Revolução*, p. 10.

além das muralhas da *polis*, relações estas determinadas pela "lei do mais forte"[52].

De acordo com Arendt, é na Antiguidade romana que é preciso buscar a primeira justificação da guerra, associada às noções de *necessidade* e *justiça*. O argumento de que "guerras necessárias são justas" parece bastante amplo e vago para fundamentar o recurso à violência; em contrapartida, os romanos ainda não reportavam a justificação da guerra, nem estabeleciam a distinção entre guerras ofensivas e defensivas. Tais distinções, segundo Arendt, só viriam a ser feitas tardiamente. Em suas próprias palavras: "A noção de que a agressão é um crime e de que as guerras só podem ser justificadas se visarem repelir ou prevenir agressões adquiriu relevância prática ou mesmo teórica apenas após a Primeira Guerra Mundial haver demonstrado o horripilante potencial destrutivo da guerra, nas condições da tecnologia moderna"[53].

Prenuncia-se aqui a reflexão teórica original que Arendt empreenderia anos mais tarde, não acerca do caráter instrumental da violência – que já havia sido assinalado por Engels –, mas da potencialização desse fenômeno, causada pelo emprego de armas e tecnologias altamente ameaçadoras à espécie humana e ao planeta – a bomba atômica e as armas biológicas. Para Arendt, é nesse contexto que se insere o recurso à liberdade enquanto justificativa daquilo que, racionalmente, não é passível de justificação: a utilização de meios de violência que escapam ao controle racional do homem. É exatamente em face desse perigo que Arendt aponta igualmente para a possibilidade de as guerras deixarem o cenário político, dando lugar às revoluções – estas, a princípio, de alcance menor e periculosidade reduzida em relação às primeiras, que visariam a liberdade.

Embora o risco de morte, para todo o planeta, possa vir a ser contornado por meio de novos recursos tecnológicos, Arendt acredita que hoje busca-se muito mais evitar a guerra do que obter a paz, e apresenta quatro "indícios" a favor desta tese.

O primeiro indício refere-se à não distinção, a partir da Primeira Guerra Mundial, de civis e militares, em razão das

---

52 Idem, ibidem.
53 Idem, p. 11.

novas armas aí empregadas e da necessidade de técnicos para operá-las. Desde então, a defesa da população civil deixa de ser eficazmente desempenhada pelas forças armadas "até o ponto atual em que a estratégia da intimidação alterou frontalmente o papel do militar que, de protetor, passou a ser um vingador tardio e essencialmente inútil"[54]. Ou seja, civis e militares são igualmente alvo da ação violenta; a ação posterior dos militares pouco pode, por assim dizer, amenizar ou ainda corrigir os abusos cometidos.

Em segundo lugar, e também posteriormente à Primeira Guerra Mundial, espera-se que os Estados militarmente derrotados na guerra não sobrevivam, ou que, em caso de não perecimento, sofram mudanças revolucionárias em seu governo. Em outras palavras, independentemente do caráter altamente destrutivo dos confrontos bélicos no século xx, as guerras já significavam morte política aos Estados perdedores.

Terceiro indício: a intimidação tornou-se o fator preponderante na relação entre Estados. Com efeito, prepara-se um arsenal bélico, não para efetivamente ser usado, mas, antes, como efeito de demonstração de seu elevado potencial de destruição, e, desse modo, evitar a guerra. Esclarece, Arendt:

> É claro que o entendimento de que a paz é o término da guerra e, portanto, de que a guerra é a preparação para a paz, é, pelo menos, tão antigo quanto Aristóteles, e a pretensão de que o objetivo da corrida armamentista é a salvaguarda da paz é ainda mais antiga, ou seja, é tão velha como a descoberta da falsa propaganda. Mas o ponto em questão é que *evitar a guerra*, hoje, não é apenas o objetivo, real ou pretenso, de uma política global, mas *tornou-se o princípio básico dos próprios preparativos militares*[55].

Assim, Arendt defende a ideia de que, muito mais do que obter a paz, hoje se busca evitar a todo custo a guerra, um artifício considerado atualmente ultrapassado e perigoso, visto que seu conteúdo de violência extrema, em vez de buscar a construção da paz, na verdade põe em risco a vida de todo o nosso planeta. Também parece ser verdadeira a suposição de

---

54 Idem, p. 12.
55 Idem, p. 13. Grifos nossos.

que a previsibilidade dos resultados da guerra seja obtida com grande precisão, o que constitui um argumento a mais para a justificação de que guerras, hoje, são raras, e só serão levadas a efeito quando houver grande probabilidade de sucesso[56].

Por último, Arendt aponta o aspecto marcante, no século XX, da supremacia das revoluções em relação às guerras, ou ainda, a tendência observada, vinte anos após a Segunda Guerra Mundial, de que à guerra seguir-se-ia a revolução, justificada pela única causa possível: a causa revolucionária da liberdade, entendendo-se, por este último termo, nada além do que a capacidade e disposição própria do homem de agir politicamente. Assim,

na disputa que hoje divide o mundo, e na qual tanta coisa está em jogo, provavelmente ganharão aqueles que entenderem de revolução, ao passo que aqueles que ainda depositam fé na política de força, no sentido tradicional do termo, e, por conseguinte, na guerra como último recurso de toda política externa, podem muito bem descobrir, num futuro não muito distante, que se tornaram mestres num ofício inútil e obsoleto[57].

Em Arendt, a facilidade com que as guerras transformam-se em revoluções deve-se ao fato de que ambas costumam ter como característica comum o emprego da violência, traço este que as coloca para além do campo da *política*, cuja marca distintiva tem sido, desde os antigos gregos, o uso da palavra e do diálogo. "Onde quer que a violência domine de forma absoluta [...] tudo e todos devem permanecer em silêncio"[58]. Arendt justifica assim, de modo bastante claro, o motivo – apenas insinuado em *Sobre a Violência* – pelo qual a violência não tem sido objeto de consideração por parte da teoria política: não é possível o exercício da fala onde impera a força. Em suas próprias palavras:

É em virtude desse silêncio que a violência é um fenômeno marginal no campo político; pois o homem, na medida em que é um ser

---

56 A corrida armamentista, com seu efeito de demonstração e busca de equilíbrio de forças, parece assim constituir-se em novo tipo de guerra, de caráter mais sutil e de efeitos menos evidentes ao homem comum.
   O suposto retorno da guerra sob nova forma nos sugere a ideia de uma presença constante dessa atividade na história da humanidade.
57 *Da Revolução*, p. 14-15.
58 Idem, p. 15.

político, está dotado do poder da fala. As duas famosas definições do homem, dadas por Aristóteles, ou seja, de que o homem é um ser político e um ser dotado de fala, complementam uma a outra, e ambas se referem à mesma experiência de vida na *polis* grega [...] Uma vez que o pensamento político só pode acompanhar as articulações do próprio fenômeno político, ele permanece ligado ao que ocorre no domínio dos assuntos humanos; e esses fatos, em contraposição às questões de ordem física, necessitam de fala e articulação, isto é, de algo que transcenda a mera visibilidade física, bem como a simples audibilidade, a fim de que possam se manifestar[59].

A violência, desse ponto de vista, é portanto o reino do silêncio imposto, do não humano, da destruição.

Com essas observações, é possível vislumbrar a forma pela qual Arendt constrói a sua teoria da violência já nesse ensaio sobre a revolução, e também supor a existência de uma linha de continuidade entre as reflexões desse ensaio e aquele sobre a violência. Em ambos os trabalhos, fica bastante claro o caráter instrumental da violência, e seu pressuposto de isolamento ou atomização dos indivíduos, assim como a ausência da palavra. A respeito deste último aspecto, Arendt é enfática ao afirmar, na "Introdução" a *Da Revolução*, que, em virtude do silêncio que acompanha os atos violentos, uma teoria da guerra ou da revolução só é viável enquanto tratar da justificação da violência empregada nesses fenômenos, os quais ocorreriam "fora do campo político, no sentido estrito, não obstante seu relevante papel na História"[60].

Estando fora do campo do político – e entendendo-se esse domínio no sentido arendtiano de *reino da liberdade* –, a violência, em si mesma, não é nada; carece de importância maior, exceto e tão somente quando se faz presente em atos de fundação de novas realidades, geradas por revoluções. Com efeito, relatos – lendários ou não – sobre o início da caminhada do homem sobre a Terra, como os encontrados na Bíblia e em historiadores antigos, puseram em relevo o valor social e político do fenômeno da violência, no sentido de que esta teria sido "o começo e, justamente por isso, nada poderia ter início sem o emprego da violência, sem violação"[61]. Em outras

59 Idem, ibidem.
60 Idem, p. 16.
61 Idem, ibidem.

palavras, se a violência é um fenômeno cuja peculiaridade é exigir justificativas para o seu emprego, é sobretudo em atos de fundação, gerados pelas revoluções, que ela é mais consistentemente justificada em termos políticos, daí a necessidade, em Arendt, de se estudar não as guerras, mas as revoluções.

Assim é que, no capítulo primeiro, em *Da Revolução*, Arendt tratará da questão da violência relacionada a atos revolucionários, capazes de iniciar *algo inteiramente novo*. Afirma Arendt que "as revoluções são os únicos eventos políticos que nos confrontam, direta e inevitavelmente, com o problema do começo"[62], isto é, com a instauração de uma nova forma de poder, ao provocar uma ruptura com o processo histórico. Nesse sentido, o caráter de *novidade* parece ser o fator determinante na identificação de uma revolução, e na justificação da violência empregada.

Para Arendt, a revolução enquanto criadora de uma *ordem nova*, como *fundadora*, somente passou a existir a partir da Idade Moderna, com as duas grandes revoluções do século XVIII, na América e no Velho Continente. Na Antiguidade e Idade Média, o caráter distintivo de novidade não teria estado efetivamente presente.

A Antiguidade estava bem familiarizada com a mudança política e com a violência que a acompanhava, mas nenhuma delas parecia dar origem a algo inteiramente novo. As mudanças não interrompiam o curso daquilo que a Idade Moderna passou a chamar de História, a qual, longe de começar com um novo princípio, apenas recaiu num estágio diferente do seu ciclo, seguindo um curso preordenado pela própria natureza dos acontecimentos humanos, e que era, portanto, imutável em si mesmo[63].

Considerando, desse modo, que uma revolução não seja uma simples mudança, mas se constitua em um evento cuja principal característica é a novidade, a violência frequentemente nada mais será que o *meio*, o recurso para viabilizar esse "novo", e é precisamente nesse sentido que ela é justificada.

Além do aspecto da *mudança em direção a algo novo*, fundamental na caracterização arendtiana das revoluções, um

---

62 Idem, p. 17.
63 Idem, ibidem.

outro fator, denominado *questão social,* viria desempenhar um importante papel nas revoluções de todos os tempos: detém o poder político aquele que já possui poder econômico, ou, que o interesse econômico "pode ser a força motriz de toda luta política"[64]. Segundo Arendt, cabe a Aristóteles a primazia por essa concepção materialista de que o interesse pessoal de um grupo, ou povo, seja o fator determinante nas questões políticas[65]. A distinção entre pobres e ricos, considerada como "natural" em toda a Antiguidade e Idade Média, não levaria os homens a praticarem atos revolucionários. Apenas a partir da Idade Moderna que o problema da desigualdade social passaria a ser questionado. Nas palavras de Arendt:

A questão social só começou a desempenhar um papel revolucionário quando, na Idade Moderna, e não antes, os homens começaram a duvidar que a pobreza fosse inerente à condição humana, a duvidar que a distinção entre os poucos que, por circunstâncias, força ou fraude, conseguiram libertar-se dos grilhões da pobreza, e a miserável multidão dos trabalhadores, fosse inevitável e eterna[66].

Para Arendt, a prosperidade reinante no solo da América, a possibilidade de erradicação da miséria e dos pobres, teria sido a real mola propulsora das revoluções do século XVIII: "a convicção de que a vida na terra poderia ser abençoada com a abundância, ao invés de amaldiçoada pela penúria foi, na origem, pré-revolucionária e americana; surgiu diretamente da experiência colonial americana"[67]. Com efeito,

não foi a Revolução Americana e sua preocupação com o estabelecimento de um novo organismo político, de uma nova forma de governo, mas sim a América, o "novo continente", o americano, o "novo homem", "a adorável igualdade", no dizer de Jefferson, "que os pobres usufruem juntamente com os ricos", que revolucionou o espírito dos homens, primeiro na Europa, e, em seguida, em todo o mundo[68].

---

64 Idem, p. 18.
65 Idem, ibidem.
66 Idem, ibidem.
67 Idem, ibidem.
68 Idem, p. 20.

A busca de uma suposta igualdade, não mais natural, porém construída pelo próprio homem, tornar-se-ia, mais do que um sonho possível, uma realidade ao alcance de todos, a causa preponderante das revoluções que se seguiriam à Revolução Francesa. A exceção seria a Revolução Americana, cuja inspiração estaria no anseio de se implantar uma nova organização política[69].

Em outras palavras, a *prosperidade* da América, entendida em termos de uniformidade das condições dos povos do novo continente, e expressa nos ideais de "igualdade" e imagem de um "novo homem", teria revolucionado o espírito dos europeus, e, portanto, influenciado de algum modo na eclosão da Revolução Francesa. A América se torna, assim, a nova esperança para a humanidade, por representar a igualdade no usufruto de riquezas conquistadas.

Com essas considerações, sem dúvida originais e passíveis de gerar controvérsias, Arendt parece tentar desfazer o mito de que a mudança política ocorrida na América teria sido a causa do movimento de 1789 na França. Um outro mito, igualmente importante, destruído por ela, é o de que todas as revoluções modernas seriam essencialmente cristãs em sua origem. O argumento por ela utilizado é o de que o fator crucial para o aparecimento do fenômeno da revolução estaria, ao contrário, na secularização, no processo de separação entre religião e política. Na verdade, o próprio significado do termo "revolução" seria confundido, identificado ao de "secularização". "É bem possível", diz Arendt, "que [...] aquilo que chamamos revolução seja precisamente aquela fase transitória, que dá origem a um reino novo e secular"[70].

Alguns apelos de ordem cristã estariam presentes, no entanto, nesse "novo reino", nos ideários das revoluções modernas, porém despojados de seu caráter eminentemente religioso: a *igualdade dos homens* – não perante Deus, mas *diante da lei*; o *respeito* – e não o desprezo – *pelos poderes públicos*; a transferência de uma promessa de *felicidade para este mundo e esta vida*, seguramente originariam um reino novo, terrestre e secular. Todos estes anseios revelariam, desse modo, uma orientação de

---

69 Idem, ibidem.
70 Idem, p. 21.

mudança em relação à ordem social medieval, marcadamente impregnada de valores cristãos sedimentados e sem consequências políticas relevantes.

Na verdade, o aspecto notadamente inovador da doutrina cristã estaria, conforme Arendt, na instauração de um conceito de tempo diferente do que existia na Antiguidade, e isto porque "o nascimento de Cristo, tendo ocorrido num tempo humano secular, constituiu não só um novo princípio como também um acontecimento único e sem repetição"[71]. Nesse sentido, a concepção cristã de história estaria marcada por um único evento de caráter transcendente – o nascimento do Messias –, e que, diferentemente dos impérios que nascem e perecem, seria indestrutível. No que se refere à sucessão interminável de impérios, o conceito cristão de história se aproximaria da noção grega de *mudança*, própria de todos os assuntos humanos, uma mudança cíclica, destituída, portanto, de interesse maior aos homens.

Ao que parece, é aqui, neste ponto de sua argumentação, que Arendt se apropria de uma noção grega para esboçar a sua concepção de homem e a sua vinculação ao fenômeno da natalidade. Com efeito, se nada há de novo no curso repetitivo da história, o aspecto de novidade só pode recair nos homens e no potencial de *novo começo* que eles representam. Na Grécia, diferentemente do mundo romano – marcado pela noção de continuidade –, a

mutabilidade inerente a todas as coisas mortais era experimentada sem lenitivo ou sem consolo; e foi essa experiência que persuadiu os filósofos gregos de que eles não precisavam levar muito a sério os assuntos humanos, de que os homens deviam deixar de conferir a esse campo uma dignidade totalmente imerecida. Os assuntos humanos mudavam constantemente, mas nunca produziam nada inteiramente novo; se alguma coisa de novo existia sob o sol, eram os próprios homens que nasciam no mundo[72].

Com o advento da era das revoluções, na modernidade, resultante do processo de secularização do mundo, assiste-se à tendência de valorização dos assuntos humanos, uma vez que eles

71 Idem, p. 22.
72 Idem, p. 22-23.

introduzem o *novo*. Os homens, seres capazes de operar mudanças em direção à novidade, movidos por valores como liberdade e igualdade, buscam, com ações revolucionárias, instaurar uma nova forma de poder político, bem como novas formas de relações em sociedade. Afirma Arendt: "é crucial [...] para a compreensão das revoluções da Idade Moderna, que a ideia de liberdade e a experiência de um novo começo sejam coincidentes"[73]. A associação da concepção moderna de revolução à ideia de liberdade, enfaticamente defendida por Arendt, teria sido bastante frequente entre os homens do século XVIII e sistematizada por Condorcet, o qual afirmara que "a palavra *revolucionário* só pode ser aplicada a revoluções cujo objetivo seja a liberdade"[74].

Com efeito, ao refletir sobre o significado do termo *liberdade*, vinculado à ideia de um novo começo histórico gerado pela revolução, Arendt insiste na exigência de se distinguir "liberdade" de "libertação das necessidades":

> Pode ser um truísmo afirmar que libertação e liberdade não são a mesma coisa; que libertação pode ser a condição de liberdade, mas que não leva automaticamente a ela; que a noção de liberdade implícita na libertação só pode ser negativa, e que, portanto, a intenção de libertar não é idêntica ao desejo de liberdade. Não obstante, se esses truísmos são frequentemente esquecidos, é porque a libertação sempre se apresentou com nitidez, enquanto a liberdade foi sempre incerta, se não totalmente inútil. Além disso, a liberdade desempenhou um papel relevante e um tanto controvertido na história do pensamento filosófico e religioso, e isso através daqueles séculos – desde o declínio do mundo antigo ao nascimento do moderno – em que não existia liberdade política, e em que, por razões que não nos interessa discutir aqui, os homens não se preocupavam com isso. Portanto, tornou-se quase axiomático, mesmo em teoria política, entender por liberdade política não um fenômeno político, mas, ao contrário, a gama mais ou menos livre de atividades não políticas que um determinado corpo político permite e garante àqueles que o constituem[75].

Arendt conceberá a liberdade em sentido estrito – enquanto fenômeno político –, tal como os antigos gregos a consideravam,

---

[73] Idem, p. 23.
[74] Sur le sens du mot révolutionnaire, *Œuvres 1847-1849*, v. 12. Citado por H. Arendt, ibidem.
[75] Idem, p. 24.

isto é, como algo inteiramente associado à ideia de igualdade. Para eles, a cidade-Estado era tida como "uma forma de organização política em que os cidadãos viviam juntos em condições de não mando, sem uma distinção entre governantes e governados"[76]: trata-se da *isonomia*, ou igualdade perante a lei. Assim, homens diferentes, desiguais por natureza, igualam-se em função do artifício da *polis*, tornam-se cidadãos, e aí exercem a liberdade. "A igualdade existia apenas nesse campo especificamente político, onde os homens conviviam uns com os outros como cidadãos, e não como pessoas privadas"[77]. Note-se aqui um certo caráter restritivo da liberdade grega aos cidadãos, a homens que de algum modo encontravam-se libertos do jugo das necessidades, o que, de fato, se constituía em pressuposto exigido para fazer aparecer a "verdadeira" igualdade, baseada na relação entre pares.

Também em seu ensaio específico sobre a liberdade, Arendt sintetiza sua posição acerca das condições necessárias para o florescimento desse fenômeno:

> Para ser livre, o homem deve ter-se libertado das necessidades da vida. O estado de liberdade, porém, não se seguia automaticamente ao ato de liberação. A liberdade necessitava, além da mera liberação, da companhia de outros homens que estivessem no mesmo estado, e também de um espaço público comum para encontrá-los – um mundo politicamente organizado, em outras palavras, no qual cada homem livre poderia inserir-se por palavras e feitos[78].

Assim, entendidos como "convencionais e artificiais, produtos do esforço humano e das qualidades do mundo feito pelos homens", os conceitos gregos de liberdade e igualdade sofrerão, à época moderna, uma mudança radical de sentido. Com efeito, o novo conceito de liberdade, surgido a partir das revoluções do século XVIII, desloca-se do âmbito político, em que o fenômeno originalmente se dava, perdendo aquele caráter de atividade essencialmente de não mando, para constituir-se em experiência

---

76 Idem, ibidem.
77 Idem, p. 25. Arendt parece adotar aqui o conceito aristotélico de cidadão, qual seja, aquele a quem é dado "o direito de voto nas Assembleias e de participação no exercício do poder público em sua pátria", cf. *A Política*, II, IV, p. 36.
78 Que é Liberdade?, *Entre o Passado e o Futuro*, p. 194.

do domínio do natural, do particular, do econômico. A liberdade torna-se *um* entre os três direitos fundamentais a todo ser humano: o direito à vida, à liberdade e à propriedade, e expressa-se de uma forma negativa, enquanto "garantia contra repressão injustificada"[79] ou direito de ir e vir, e direito de reunião.

Ora, para Arendt isto *não é* liberdade. A liberdade significa "participação nas coisas públicas, ou admissão ao mundo político"[80]. De fato, o direito a não sofrer constrangimento pertence à esfera da libertação. Nas palavras de Arendt:

> Todas essas conquistas, às quais poderíamos acrescentar nossas próprias aspirações a sermos libertados da penúria e do medo, são, de fato, essencialmente negativas; elas são produtos da libertação, mas não constituem, absolutamente, o verdadeiro conteúdo da liberdade [...] Se a revolução tivesse tido como meta apenas a garantia dos direitos civis, não teria, com isso, visado à liberdade, mas tão somente à libertação de governos que tivessem extrapolado seus poderes e infringido direitos antigos e bem enraizados[81].

E isto não foi o que acontecera. Arendt insiste no fato de que a dificuldade que se teve em um dado momento histórico, como ocorrera no Setecentos, ao discernir "libertação" de "liberdade", não significa absolutamente que sejam a mesma coisa, ou que a libertação seja condição suficiente para a instauração da atividade política por excelência: a liberdade. Se os homens da revolução não fizeram distinção entre ambas as coisas, é porque, por meio das atividades de libertação, foram levados à construção da liberdade[82].

Assim, a Revolução Americana, ao lutar por um governo independente e a criação de um novo corpo político, era a favor da liberdade; a Revolução Francesa, ao buscar defender a questão social antes de tudo, constituía-se primeiramente como libertadora, para em seguida lutar também pela liberdade. A ação revolucionária, caracterizada como "a experiência da capacidade do homem para iniciar alguma coisa nova", é o que se encontrará na base de ambas as revoluções do século XVIII – a da

---

79 *Da Revolução*, p. 25-26.
80 Idem, p. 26.
81 Idem, ibidem.
82 Idem, p. 27.

América, objetiva e diretamente buscada; e a do Velho Mundo, alcançada quase que por acaso[83].

Em síntese, "somente onde esse *pathos* de novidade se fizer presente, e onde a novidade estiver relacionada com a ideia de liberdade, é que temos o direito de falar em revolução"[84].

Arendt caracteriza a revolução como movimento que emprega a violência para provocar mudanças, visando a liberdade. É nesta medida que a violência é passível de justificação. Na verdade, outros movimentos se utilizam da violência para provocar mudanças, como insurreições, rebeliões, golpes de Estado ou guerras civis. No entanto, tais sublevações visam, não raro, a pequenas modificações, geralmente restritas ao âmbito do próprio governo, isto é, possuem um caráter reformista de preservação ou restauração do poder existente, e não propriamente visam algo novo. Desse modo, a violência não se confunde com tais atos: é apenas o *meio* pelo qual também estes se concretizam.

A violência, em Arendt, parece ser amplamente justificada politicamente quando estiver a serviço da causa da liberdade, em situações revolucionárias, voltadas para o estabelecimento de "uma forma de governo completamente diferente, para dar origem à formação de um novo corpo político, onde a libertação da opressão almeje, pelo menos, a constituição da liberdade"[85].

À maneira de Aristóteles, Arendt procurará remontar o conceito de "revolução" às suas origens para bem conhecê-lo. Para nossos propósitos, seguir o desdobramento arendtiano desse conceito parece se constituir em caminho apropriado para a compreensão do tema da violência, uma vez que tratar de revolução é tratar de violência justificada; estudar a origem das revoluções é abordar a origem das formas de violência política.

Segundo Arendt, a palavra "revolução" não teria aparecido com quem pressuporíamos – Maquiavel. Este estudioso fala em *mutazioni, variazioni e alterazioni,* mas estava preocupado precisamente com o "imutável", o "invariável", o "inalterável". Sua importância não seria devida à relativa familiaridade com "os

---

83 Idem, ibidem.
84 Idem, p. 28.
85 Idem, ibidem.

elementos mais marcantes das revoluções modernas – com a conspiração e a luta de facções, com o incitamento do povo à violência, com os distúrbios e a derrocada das leis…"[86]. A importância de Maquiavel, para Arendt, foi a de ter vislumbrado o surgimento de um domínio político secular, independente dos preceitos da Igreja e de padrões morais. No entanto, Maquiavel queria para a sua Itália uma renovação e não "algo inteiramente novo"[87]. Mesmo assim é possível encontrar o espírito revolucionário no autor de *O Príncipe* – pela busca de reavivar instituições da Antiguidade, pela sua insistência no papel da violência no campo da política. Ora, essas duas tendências, observará Arendt, são no mínimo incompatíveis. "O elogio da violência se apresenta estranhamente em conflito com a professada admiração por tudo quanto era romano, dado que na República romana era a autoridade, e não a violência, que regulava a conduta dos cidadãos"[88]. A autoridade está ancorada em relações de obediência sem constrangimento, e não se confunde com alguma forma de poder ou violência[89]. Maquiavel estaria preocupado com o ato da fundação, que, para se concretizar, deveria lançar sobre o chão os escombros da realidade anteriormente existente. Nas palavras de Arendt,

a insistência de Maquiavel sobre a violência [...] foi a consequência direta da dupla perplexidade em que teoricamente se encontrava [...] [a qual] consistia na tarefa da fundação, no estabelecimento de um novo começo que, como tal, parecia exigir violência e violação, como se fosse uma repetição do antigo crime lendário (Rômulo matou Remo, Caim matou Abel) dos primórdios da História[90].

Para a tarefa de fundação se concretizar, era necessário criar as leis, as quais agora não se baseariam nos mandamentos prescritos pela religião, mas em valores humanos.

Essa tarefa de fundação estava ligada à tarefa de fazer as leis, de dar vida a uma nova autoridade e impô-la aos homens; autoridade essa, entretanto, que tinha de ser concebida de tal maneira que viesse a substituir adequadamente a antiga autoridade absoluta,

---

86 Idem, p. 29.
87 Idem, p. 29-30.
88 Idem, p. 30.
89 Que é Autoridade?, op. cit., p. 129.
90 *Da Revolução*, p. 31.

porque outorgada por Deus, extinguindo, por conseguinte, uma ordem terrena cuja confirmação mais alta foram os mandamentos de um Deus onipotente, e cuja fonte última de legitimidade fora a crença de uma encarnação de Deus sobre a terra[91].

Maquiavel teria, no entanto, recorrido a Deus não por sentimento religioso, mas, de acordo com Arendt, para fugir da dificuldade de "encontrar um novo absoluto para substituir o absoluto do poder divino"[92], tarefa realmente "insolúvel" já que não se igualam poderes de naturezas diferentes – "o poder, sob a condição da pluralidade humana, nunca pode atingir a onipotência, e leis que se baseiam no poder humano nunca podem ser absolutas"[93].

Mais do que obter uma pretensa "visão realística da natureza humana", a valorização da violência no domínio da política, em Maquiavel, estaria subordinada, segundo Arendt, à "vã esperança" em encontrar, em certos homens, qualidades de algum modo divinas[94]; daí, em certo sentido, compreender-se o caráter conservador do pensamento desse filósofo moderno.

Com efeito, palavras como *rebelião* e *revolta*, cujos significados estariam definidos no final da Idade Média, seriam erroneamente tomadas como sinônimos de *revolução*. No entanto, não apresentariam o caráter libertário próprio desta última, e nem estariam voltadas para o estabelecimento de uma nova liberdade:

> é verdade que a teoria medieval e pós-medieval já conhecia a rebelião legítima, a sublevação contra a autoridade constituída, o franco desafio e a desobediência. No entanto, o alvo dessas rebeliões não era uma contestação da autoridade e da ordem estabelecida das coisas, como tais; era sempre uma questão de mudar a pessoa que acontecia estar investida de autoridade, fosse a troca de um usurpador por um monarca legítimo, fosse a substituição de um tirano que tivesse abusado do poder por um governante legal[95].

Arendt conclui que as várias palavras existentes na linguagem política pré-moderna, para indicar o choque entre súditos

---

91 Idem, ibidem.
92 Idem, ibidem.
93 Idem, ibidem.
94 Idem, ibidem.
95 Idem, p. 32.

e soberano, significavam na verdade a troca de atores, mas não dos papéis, e muito menos uma situação em que os governados se transformassem em governantes[96].

Ao estudar a origem do termo *revolução*, Arendt aponta que ele fora empregado por Copérnico, na astronomia, para designar o *movimento regular, sistemático e cíclico das estrelas*. Quando passou para a esfera dos assuntos humanos, o termo fora utilizado com a mesma conotação, de *volta*: o significado da Revolução Gloriosa, na Inglaterra era de *retorno, restauração* da ordem antiga. Até as assim chamadas Grandes Revoluções do século XVIII teriam pretendido ser apenas restaurações; no entanto, o desenvolvimento dos acontecimentos mostrou que se tratava de um movimento novo e incontrolável.

> Devemos nos voltar para as Revoluções Francesa e Americana, e [...] levar em conta que ambas foram protagonizadas, em seus estágios iniciais, por homens que estavam firmemente convencidos de que não fariam outra coisa senão restaurar uma antiga ordem de coisas que fora perturbada e violada pelo despotismo de monarcas absolutos ou por abusos do governo colonial. Eles alegavam, com toda sinceridade, que desejavam o retorno dos velhos tempos em que as coisas eram como deviam ser[97].

No que se refere à Revolução Americana, "o que julgavam que fosse uma 'restauração', o restabelecimento de suas antigas prerrogativas, transformou-se numa revolução, e suas ideias e teorias sobre a Constituição britânica, os direitos dos cidadãos ingleses e as formas de governo colonial, desembocaram numa declaração de independência"[98]. Portanto, a violência empregada em rebeliões que visavam a restaurações ainda não tinha um caráter de busca de liberdade, de fundação de uma nova ordem política; ao pretender obter a conservação do poder político, não era ato passível de ser justificado.

Arendt afirma que, para que se possa bem compreender o espírito revolucionário, deve-se ter claro que a ideia de *novidade* estava ausente no início das revoluções, embora já existisse em outras esferas humanas. Segundo ela, as inovações

---

96 Idem, p. 33.
97 Idem, p. 35.
98 Idem, ibidem.

no campo filosófico e científico, operadas no século XVII, não encontrariam ressonância no terreno político, a não ser muitos anos depois:

[o *pathos* de novidade] ao atingir essa esfera, na qual os acontecimentos dizem respeito a muitos, e não a poucos, adquiriu [...] uma expressão não apenas mais radical, como também tornou-se dotado de uma realidade peculiar apenas ao mundo político. Foi apenas no decorrer das revoluções do século XVIII que os homens começaram a tomar consciência de que um novo princípio podia ser um fenômeno político, podia ser a consequência daquilo que os homens tinham feito e que, conscientemente, se dispuseram a fazer[99].

Já na Revolução Francesa, os pobres e oprimidos – a populaça –, junto com o povo, levantam-se pela liberdade de modo "irresistível", ocultos que estavam, durante séculos, na "obscuridade e degradação". Dá-se aí a *ascese* de pessoas que estavam presas às necessidades, ao domínio público da política:

O que a partir de então [14 de Julho de 1789, Queda da Bastilha] tornou-se irrevogável, e que os protagonistas e espectadores da revolução imediatamente reconheceram como tal, foi que o domínio público – reservado, até onde a memória podia alcançar, àqueles que *eram* livres, ou seja, livres de todas as preocupações relacionadas com as necessidades da vida, com as necessidades físicas – fora forçado a abrir seu espaço e sua luz a essa imensa maioria dos que não eram livres, por estarem presos às necessidades do dia-a-dia[100].

Assim, da luta pela satisfação e libertação das necessidades passou-se, na França, ao esforço de busca pela liberdade, via terror, o que permitiu contestar a ideia, até então admitida, de que é indispensável estar liberto das necessidades para se aspirar e lutar pela liberdade.

De qualquer modo, Arendt, após analisar sob vários ângulos o espírito da Revolução Francesa, conclui que aqueles que participaram desse acontecimento não tiveram o poder de controlá-lo. Em suas próprias palavras: "nenhum dos participantes podia controlar o curso dos acontecimentos, e que

---

99 Idem, p. 37.
100 Idem, p. 39.

esse curso tomou uma direção que pouco ou nada tinha a ver com os objetivos e metas intencionais dos homens que, pelo contrário, se viam obrigados a submeter sua vontade e objetivos à força anônima da revolução, se é que queriam realmente sobreviver"[101]. E o mais importante, do ponto de vista político, foi a troca da categoria da liberdade pela da necessidade por aqueles homens que se viram não apenas como sucessores da Revolução Francesa, mas também como agentes da História e necessidade histórica, nos séculos XIX e XX[102].

Portanto, seguindo a linha de tradição do pensamento político ocidental, para Arendt há uma distinção nítida entre política e necessidade social: a política deve visar liberdade e não o atendimento às necessidades humanas. Nesse sentido, ela se opõe diametralmente às ideias de Marx, as quais seriam a expressão teórica dos anseios dos pobres da França, à época da Revolução de 1789:

não há dúvida de que o jovem Marx convenceu-se de que a razão pela qual a Revolução Francesa falhara em instituir a liberdade foi porque fracassou em resolver a questão social. Daí ele concluir que liberdade e pobreza eram incompatíveis. Sua contribuição mais explosiva e sem dúvida mais original à causa da revolução foi ter interpretado as constrangedoras carências da pobreza do povo em termos políticos, como uma rebelião não apenas por pão ou riqueza, mas também pela liberdade. O que ele aprendeu da Revolução Francesa foi que a pobreza pode ser uma força política de primeira ordem[103].

Ora, as considerações suscitadas por Arendt, a respeito das ideias de Marx, nos levam a supor que é no aparato teórico desse filósofo que estariam as raízes do pensamento contemporâneo acerca da violência. Ao que parece, os homens do século XX estariam mais propensos, talvez até acostumados, a refletir sobre o fenômeno da violência a partir das categorias marxistas de análise, sendo a de *exploração* uma das mais utilizadas, afastando-se de uma concepção mais universalista, como pretende ser a visão arendtiana, fundada em conceitos políticos e não econômicos. A larga utilização da categoria de

---

101 Idem, p. 41.
102 Idem, p. 42.
103 Idem, p. 49.

exploração, baseada na noção de que "a pobreza é a consequência da exploração por uma 'classe dominante', que detém a posse dos meios de violência"[104], deve-se, segundo Arendt, muito mais ao seu cunho eminentemente revolucionário do que propriamente científico. Pois,

reduzindo as relações de propriedade ao antigo relacionamento que a violência, mais do que a necessidade, estabelece entre os homens, ele invocou um espírito de rebelião que só pode surgir ao ser violado, e não sob o aguilhão da necessidade. Se Marx ajudou a libertação dos pobres, não foi por lhes dizer que eles eram a encarnação viva de alguma necessidade histórica, mas por persuadi-los de que a própria pobreza é um fenômeno político, e não natural, uma consequência mais da violência e da violação do que da escassez[105].

Em poucas palavras, enquanto Marx viu a pobreza como fenômeno político, Arendt a compreendeu como problema econômico, a ser resolvido pela economia, por fazer parte do reino da necessidade e não da liberdade e do poder.

Assim, o estudo mais detido do fenômeno da revolução permite corroborar a tese de que poder e violência não são a mesma coisa – poder é "tudo"; a violência, despojada dos instrumentos que a caracterizam, em si, não é "nada" se não for justificada. É na revolução que se atesta o ato de geração de poder, aspecto com o qual Arendt particularmente se ocupou. A geração do poder visa a *liberdade*; a violência leva à destruição do poder, se quiser ultrapassá-lo.

A violência, embora seja frequentemente utilizada nos atos revolucionários, não constitui a sua marca distintiva – dada *pela mudança em direção ao novo, com vistas à instauração da liberdade*; é em nome da liberdade que a violência pode ser justificada, entendendo-se por este termo a possibilidade de discussão, de diálogo, enfim, da política. Uma vez obtida a liberdade, o que deve desaparecer de cena é exatamente a violência, já que ela impera onde há o silêncio, a ausência de debate.

Dado a caráter instrumental da violência, e sua oposição ao poder, parece adequado deter-se um pouco mais no exame

---

104 Idem, ibidem.
105 Idem, p. 50.

do fenômeno da consolidação do poder obtido em atos revolucionários.

Como se instaura o poder? Ao procurar responder a esta questão, Arendt reporta-se à história de independência das colônias americanas e à sua busca de instituição da liberdade política no século XVIII. Se for verdade, como sustentava Robespierre, que as revoluções têm como objetivo a realização da liberdade política e, como meta, a fundação da república, Arendt afirma não ter havido descontinuidade entre "a guerra da libertação, a luta pela independência, que era a condição de liberdade, e a constituição dos novos Estados"[106]. E este último objetivo parece ter sido de importância capital, uma vez que à atividade guerreira de libertação seguiu-se a consolidação das liberdades adquiridas.

Arendt insiste no princípio de que existe uma radical separação entre libertação da necessidade e liberdade política, entre rebelião e revolução. A violência não pode estar a serviço da necessidade, mas sim da liberdade. Na sua própria expressão:

se tivermos em mente que a finalidade da rebelião é a libertação, ao passo que a finalidade da revolução é a instituição da liberdade, o cientista político saberá, ao menos, como evitar o logro do historiador, que tende a colocar sua ênfase no primeiro e violento estágio de rebelião e libertação, no levante contra a tirania, em detrimento do segundo e mais silencioso estágio de revolução e constituição, porque todos os aspectos dramáticos de sua história parecem estar contidos no primeiro estágio, e talvez porque também as turbulências da libertação tenham, com tanta frequência, derrotado a revolução [...] O equívoco básico está na incapacidade de se distinguir entre libertação e liberdade; não há nada mais inútil do que rebelião e libertação, se essas não forem seguidas pela constituição da liberdade recém-conquistada[107].

Cumpre pois dar forma ao poder obtido por meio da fundação de um novo governo, do estabelecimento de uma constituição, a qual exige, naturalmente, que todos a ela se submetam, inclusive aqueles que a fizeram nascer e a promulgaram. O

106 Idem, p. 113.
107 Idem, p. 114.

governo constitucional exige, portanto, limites, e esses limites devem estar alicerçados na lei.

De acordo com Arendt, a palavra constituição traz equívocos, uma vez que significa "tanto o ato de constituir, como a lei ou normas do governo que são 'constituídas', quer sejam corporificadas em documentos escritos, ou, como no caso da Constituição britânica, implícitas nas instituições, nos costumes e nos precedentes"[108]. De qualquer forma que a entendamos, a constituição deve ser dada pelo povo que constitui um governo, e não o contrário[109]. O sentido mais forte do termo constituição parece ser o estabelecimento de um sistema de poder inteiramente novo – a fundação –, muito mais do que o operar limites ao governo. Na América, "o propósito das constituições estaduais que precederam a Constituição da União, quer tenham sido esboçadas pelos congressos provinciais, quer pelas assembleias constitucionais (como no caso de Massachusetts), foi criar novos centros de poder, após a Declaração de Independência ter abolido a autoridade e o poder da coroa e do parlamento"[110], portanto, *não apenas fundar, mas ampliar, gerar mais poder*.

Montesquieu, cujo tema principal de sua obra fora o estabelecimento da liberdade política, teria sido o grande inspirador dos fundadores e pais da Revolução Americana. Segundo Arendt, esse pensador francês "havia sustentado que o poder e a liberdade relacionavam-se um com o outro, e que, do ponto de vista conceitual, a liberdade política não consistia no querer, mas no poder, e, consequentemente, que o universo político devia ser edificado e constituído de tal forma que possibilitasse a combinação do poder com a liberdade"[111].

Com efeito, Montesquieu, ao definir o que seja a liberdade, associa-a a "poder fazer o que se deve querer e em não ser constrangido a fazer o que não se deve desejar [...] A liberdade é o direito de fazer tudo o que as leis permitem"[112]. Acrescenta ainda que assim como a virtude, o poder necessita de limites, uma vez que todo homem investido de poder tem tendência

---

108 Idem, p. 116.
109 Idem, ibidem.
110 Idem, p. 119-120.
111 Idem, p. 120.
112 *Do Espírito das Leis*, livro XI, cap. III e IV, p. 155-156.

a cometer abusos. E conclui: "*Para que não se possa abusar do poder é preciso que, pela disposição das coisas, o poder freie o poder. Uma constituição pode ser de tal modo que ninguém será constrangido a fazer coisas que a lei não obriga e a não fazer as que a lei permite*"[113].

Ao que parece, Arendt adota a concepção de Montesquieu, segundo a qual há uma equiparação entre *poder e liberdade*, e não entre poder e violência. Inspirado pela estrutura da Constituição Inglesa, ele afirmará enfaticamente – ainda que não de modo inovador – a necessidade de que o poder controle o próprio poder. Arendt, no entanto, acrescentará que esse controle não pode se constituir em ameaça de destruição, de aniquilamento do próprio poder. O poder torna-se impotente quando, nas tiranias, há uma destruição a partir de dentro do próprio poder, quando um chefe, de posse de meios de violência, se insurge e se impõe sobre a maioria[114]. O poder necessita de limites, porém estes não podem ser postos por ações violentas, mas pelo confronto de poderes. Só desta forma é que o poder se consolidará e sobretudo se ampliará. Nas palavras de Hannah Arendt:

> A descoberta [de Montesquieu, sobre a natureza do poder], contida em uma frase, reflete o esquecido princípio que está por trás de toda a estrutura dos poderes separados: apenas "o poder controla o poder", e isso, devemos acrescentar, sem destruí-lo, sem colocar a impotência no lugar do poder. Pois, naturalmente, o poder pode ser destruído pela violência; é isso o que acontece nas tiranias, onde a violência de um destrói o poder da maioria, as quais, [...] segundo Montesquieu, são destruídas a partir de dentro; elas perecem porque engendram a impotência, ao invés do poder. Mas o poder, ao contrário do que somos inclinados a pensar, não pode ser controlado, pelo menos de forma eficaz, através de leis, pois o assim chamado poder do governante, e que sofre o controle do governo legal, constitucional e limitado, não é, de fato, o poder, mas a violência, a força multiplicada de um que monopolizou o poder de muitos[115].

---

113 Idem, p. 156. Grifos nossos.
114 Neste ponto da argumentação arendtiana, é possível perceber não apenas a antecipação das ideias acerca da violência e do poder, tal como foram desenvolvidas posteriormente em *Sobre a Violência*, mas, sobretudo, a confirmação de temas expostos em *Origens do Totalitarismo*, especialmente em "Ideologia e Terror".
115 *Da Revolução*, p. 121.

Como Montesquieu, Arendt também acredita na força das leis e na necessidade de que elas sejam obedecidas. Porém, ainda assim, o que se terá é uma restrição, uma diminuição do poder pela aplicação da lei, o que, de modo algum, é o que se espera e se deseja. Na verdade, o que se busca é a contenção, a preservação do poder, de modo que ele não degenere em tirania. Citando Arendt,

> as leis estão sempre correndo o risco de serem abolidas pelo poder da maioria, e, num conflito entre a lei e o poder, dificilmente a lei sairá vitoriosa. No entanto, mesmo se presumirmos que a lei seja capaz de controlar o poder – e é sobre essa presunção que deve repousar todas as formas de governo verdadeiramente democráticas, sob pena de degenerarem na pior e mais arbitrária tirania – a limitação que as leis impõem sobre o poder apenas pode resultar numa diminuição de sua potência[116].

O que Montesquieu propõe para *o poder controlar o poder* é aquilo que se notabilizou como o equilíbrio de poderes, a divisão dos poderes. Longe de significar um desgaste, uma diminuição, a ideia de divisão permitiria um incremento a esse mesmo poder.

O poder só pode ser contido, e, ainda assim, permanecer intacto, através do poder, de forma que o princípio de separação do poder não apenas proporciona uma garantia contra a monopolização do poder por uma parte do governo, como também oferece, na realidade, uma espécie de mecanismo, incrustado no próprio cerne do governo, através do qual novo poder é constantemente gerado, sem que, no entanto, venha a crescer demasiadamente e se expandir, em detrimento de outros centros ou fontes de poder[117].

O caráter de exemplaridade representado pela fundação da república confederada das treze colônias da América é bastante ressaltado por Hannah Arendt em seu texto *Da Revolução*, especialmente pela tentativa, coroada de êxito, de afirmação do poder obtido com o movimento revolucionário, por meio da criação de um sistema de equilíbrio e controle de poderes – poder

---

116 Idem, ibidem.
117 Idem, ibidem.

da União e poder dos Estados –, voltado não para o enfraquecimento e destruição de um ou de outro, mas sobretudo para a geração de mais poder. Afirma, Arendt: "a grande e, a longo prazo, talvez a maior inovação americana em política propriamente dita foi a coerente abolição da soberania dentro do corpo político da república, a visão de que, no campo das atividades humanas, soberania e tirania são a mesma coisa"[118].

Em outros termos, o que se atesta aqui é que o poder e a liberdade, obtidos com a revolução, foram preservados e traduzidos na constituição – da forma de governo e no estabelecimento das leis.

Pela força de suas palavras, nos permitimos reproduzir a conclusão das reflexões empreendidas por Arendt a esse respeito:

É claro que o verdadeiro objetivo da Constituição Americana não era limitar o poder, mas dar origem a mais poder, ou seja, estabelecer e constituir adequadamente um centro de poder inteiramente novo, destinado a compensar a república confederada, cuja autoridade ia ser exercida sobre um extenso território em expansão, do poder que se perdera quando as colônias se separaram da coroa inglesa. Esse complicado e delicado sistema, deliberadamente concebido para manter intacto o poder potencial da república, e evitar que qualquer das múltiplas fontes de poder se extinga, na eventualidade de uma futura expansão pelo acréscimo de outros membros, foi fruto exclusivo da revolução. A Constituição Americana consolidou, finalmente, o poder da revolução, e desde que a meta da revolução era a liberdade, ela, na verdade, veio a ser aquilo que Bracton chamara de *Constitutio Libertatis*, o fundamento da liberdade[119].

Para colocar em prática a ideia de controle do poder, não por meios violentos, mas pelo próprio poder, Arendt recorre à experiência do sistema federalista. A vantagem desse sistema é que "o poder não vem nem de cima nem de baixo, mas é dirigido horizontalmente, de modo que as unidades federadas refreiam e controlam mutuamente seus poderes"[120]. Trata-se do sistema de conselhos, forma de governo capaz de conter o

---

118 Idem, p. 122-123.
119 Idem, p. 123.
120 Reflexões sobre Política e Revolução – Um Comentário, *Crises da República*, p. 198.

poder que surgiria, de modo espontâneo, da própria prática política[121]. Arendt mostra-se uma entusiasta defensora dos conselhos, embora esteja ciente das dificuldades de sua implementação num mundo que não valoriza adequadamente a participação na vida política:

> Esta nova forma de governo é o sistema de conselho, que, como sabemos, pereceu em todo lugar e em toda época, destruído diretamente pela burocracia dos Estados-nações ou pelas máquinas dos partidos. Se este sistema é uma pura utopia – de qualquer modo seria uma utopia do povo, não a utopia de teóricos e ideólogos – eu não posso dizer. Parece-me, no entanto, a única alternativa que já apareceu na história, e que tem reaparecido repetidas vezes[122].

A especificidade desse sistema em relação a outros tipos de associação consiste na aspiração à vida pública, à participação política. Com efeito, são desígnios próprios dos conselhos o desejo de participação, o debate, a vontade de que clamores sejam publicamente ouvidos e a possibilidade de traçar o curso político de um país[123]. Os conselhos desejam ter expressão política "mesmo que comecem bem pequenos – como conselhos de vizinhança, conselhos profissionais, conselhos dentro de fábricas, conjuntos residenciais, e assim por diante. Há, na verdade, conselhos dos mais variados tipos, não somente conselhos de trabalhadores; estes são um caso especial neste campo"[124].

A vantagem do sistema de conselhos está na possibilidade de *um contínuo agir político*, diferentemente do ato de votar ou de pertencimento a um partido político. Nas próprias palavras de Arendt, "as cabines em que depositamos as cédulas são, sem sombra de dúvida, muito pequenas, pois só têm lugar para um. Os partidos são completamente impróprios; lá somos, quase todos nós, nada mais que o eleitorado manipulado"[125]. Assim, o grupo de pessoas, participantes de modo voluntário e interessado, em determinado conselho, opera selecionando, entre seus próprios membros, aquele representante que, dadas as suas

---

121 Idem, p. 199.
122 Idem, ibidem.
123 Idem, p. 200.
124 Idem, ibidem.
125 Idem, ibidem.

próprias qualidades, melhor apresente os pontos de vista ao conselho imediatamente superior, onde seriam confrontados com outras opiniões, reafirmados ou reformulados[126].

Os conselhos aspiram, portanto, à vida pública, à política. Como, no entanto, nem todos desejam participar desses assuntos, decorre daí o processo autosseletivo que organiza a "elite política verdadeira num país"[127].

Um governo assim constituído, baseado no critério de interesse ou vocação políticos, poderia significar uma forma de concentração de poder nas mãos de poucos e numa cisão da sociedade entre opressores e oprimidos, não fosse a imperiosa necessidade de abdicação do poder de quem não o quer exercer. Afirma Arendt: "qualquer um que não esteja interessado em assuntos públicos terá simplesmente que se satisfazer com o fato de eles serem decididos sem ele. *Mas deve ser dada a cada pessoa a oportunidade*"[128].

Ora, a defesa arendtiana da igualdade de oportunidade de participação política, ao pressupor a ideia de que *todos os homens devam ser informados* acerca da natureza da atividade política, para então se decidirem por abraçá-la ou não, esbarra em uma dificuldade: não se pode conhecer à distância o mundo da política a não ser envolvendo-se, mergulhando-se nele por completo. A exequibilidade do sistema de conselhos torna-se ainda mais vulnerável ao se considerar que pouco ou nada se pode fazer em relação aos homens que não se deixaram seduzir pelos apelos e encantos da vida pública. Forçá-los a adentrar na esfera da política significa ir contra o princípio de liberdade de Montesquieu, também defendido por Arendt, de que não se deve ser constrangido a fazer aquilo que não se deseja. Portanto, uma parte da humanidade restaria na ignorância daquilo que o século XVIII denominou "felicidade pública", fora da vida política, vítima de suas próprias paixões, e sua abdicação ao uso do poder se constituiria em mero exercício de retórica. Libertar os homens da ignorância, tornando-os capazes de atuar politicamente, parece contudo ser um meio eficaz para incrementar, fortalecer o poder e evitar a violência.

---

126 Idem, ibidem.
127 Idem, p. 201.
128 Idem, ibidem. Grifos nossos.

Em Arendt, a ideia iluminista de "felicidade pública" é assim definida: "quando o homem toma parte na vida pública abre para si uma dimensão de experiência humana que de outra forma lhe ficaria fechada e que de uma certa maneira constitui parte da 'felicidade' completa"[129]. Com essa asserção, vê-se como Arendt valoriza a ação e a vida pública, não exatamente como os *hommes de lettres* do século XVIII, mas como alguém do nosso tempo, que percebe a experiência política – restritiva, porque não é dada a todos, por opção ou imposição –, como algo necessário ao aperfeiçoamento humano, o exercício mais autêntico da liberdade.

O perecimento do sistema de conselhos parece ser devido não apenas ao caráter de fluidez do domínio do político, mas pela situação de deterioração do poder. Os aspectos de enfraquecimento do poder que poderiam gerar atos revolucionários para instaurar "algo novo" – "a ameaça de colapso do maquinário do governo, seu solapamento, a perda da confiança no governo por parte da população, a falência dos serviços públicos, e inúmeros outros"[130] – estariam presentes, em maior ou menor número, nos governos de Estados contemporâneos. Porém, o aumento significativo dos instrumentos de violência e a ausência de verdadeiros revolucionários se constituiriam nas principais razões para quase não termos mais guerras e revoluções:

> A perda do poder e da autoridade em todas as grandes potências é claramente visível, mesmo estando acompanhada por um imenso acúmulo de meios de violência nas mãos do governo; mas o aumento de armamento não pode compensar a perda de poder. No entanto esta situação não precisa levar necessariamente à revolução. De um lado, pode terminar em contrarrevolução e com o estabelecimento de ditaduras, e de outro, pode terminar em total anticlímax: não precisa levar necessariamente a nada[131].

Muito mais do que armas poderosas, em grande quantidade, seria necessário o surgimento de homens verdadeiramente revolucionários para instaurar um novo poder.

---

129 Idem, p. 175.
130 Idem, p. 177.
131 Idem, ibidem.

No momento [1970] está faltando um pré-requisito para a revolução vindoura: um grupo de verdadeiros revolucionários. Os estudantes da esquerda não são justamente aquilo que eles mais queriam ser: revolucionários. Tampouco estão organizados como tal: eles não têm nem uma vaga ideia do que seja o poder, e se o poder estivesse caído na rua e eles soubessem que ele estava lá, seriam certamente os últimos a se abaixarem para pegá-lo. E é precisamente isto o que fazem os revolucionários. Revolucionários não fazem revoluções! Revolucionários são aqueles que sabem quando o poder está caído nas ruas e quando podem pegá-lo. O levante armado por si ainda não levou a nenhuma revolução[132].

Também aqui é possível vislumbrar a concepção arendtiana acerca das relações entre poder e violência. Para que haja o surgimento de novo poder, o constrangimento e até a morte provocados pela utilização de instrumentos, em ações violentas, não são considerados elementos suficientes – e, em algumas vezes, nem imprescindíveis. Arendt ressalta a necessidade de haver homens organizados e intelectualmente preparados – no sentido de estarem dotados de uma visão analítica, de uma *compreensão* da realidade –, e imbuídos de um *espírito revolucionário*, o qual nada mais seria do que a disposição para lutar contra a opressão e a degradação humana em favor da liberdade política para *todos os homens*, dentro de um Estado. Na verdade, existiria em Arendt um elemento moral que presidiria o encaminhamento das revoluções: "se você se atém à história das revoluções, verá que nunca foram os próprios oprimidos e degradados que mostraram o caminho, mas aqueles que não eram degradados e oprimidos e não podiam suportar que outros o fossem"[133]. É nesse sentido que a libertação da necessidade não se constitui em elemento suficiente para o exercício da atividade política.

Se o revolucionário por excelência desapareceu, o desenvolvimento tecnológico faria emergir, conjectura Arendt, um novo contingente de revolucionários – os intelectuais, cuja atividade seria de vital importância para o funcionamento da sociedade:

---

132 Idem, ibidem.
133 Idem, p. 176.

Para o melhor ou para o pior – e creio que tenhamos todas as razões para estarmos tanto temerosos quanto esperançosos –, a classe realmente nova e potencialmente revolucionária na sociedade consistirá de intelectuais, e seu poder potencial, ainda que até agora despercebido, é muito grande, talvez grande demais para o bem da humanidade. Mas isto são especulações[134].

Se a violência política presente nos atos revolucionários é justificada quando e tão somente se trata de instaurar um novo poder em lugar de um já destruído ou deteriorado; e se os atos revolucionários bem-sucedidos, convertidos em poder real, têm a tendência a se tornarem conservadores, excluindo, portanto, o exercício pleno da liberdade, talvez seja essa a maior razão existente para o uso legítimo de violência, quando uma ordem política está em processo de dissolução. Tal emprego justificado estará sempre nas mãos de um grupo emergente de pessoas – o que garante uma criatividade constante do mundo da política, uma contínua construção –, a não ser que, como bem adverte Arendt, o emprego da violência, ampliada pela utilização de armamentos de alto poder de destruição, venha acarretar a total aniquilação do planeta e da humanidade.

---

134 *Sobre a Violência*, p. 53-54.

Terror:
A Violência Exacerbada

> Não é bom que o homem esteja só.
> *Gênesis* 2, 18

A derrota da Alemanha nazista pôs fim a um capítulo da história. O momento parecia apropriado para olhar os eventos contemporâneos com a retrospecção do historiador e com o zelo analítico do cientista político, a primeira oportunidade para tentar narrar e compreender o que havia acontecido – não ainda *sine ira et studio*, e sim com desgosto e pesar e, portanto, com certa tendência à lamentação, mas já sem a cólera muda e sem o horror impotente. Era, pelo menos, o primeiro momento em que se podia elaborar e articular as perguntas com as quais a minha geração havia sido obrigada a viver a maior parte de sua vida adulta: *O que havia acontecido? Por que havia acontecido? Como pôde ter acontecido?*[1].

Imbuída desse sentimento de perplexidade, Arendt coloca-se ante o desafio de "compreender" – e não perdoar – o totalitarismo. Isto porque ela acredita ser falsa a afirmação de que "*tout comprendre c'est tout pardonner*": se o perdão é o resultado de "uma ação única que culmina em um único ato"[2], a compreensão é "interminável e [...] não pode produzir resultados finais; é a maneira

---

1 H. Arendt, *Origens do Totalitarismo*, p. 339-340.
2 *A Dignidade da Política*, p. 39.

especificamente humana de estar vivo, porque toda pessoa necessita reconciliar-se com um mundo em que nasceu como um estranho e no qual permanecerá sempre um estranho, em sua inconfundível singularidade"[3]. Perdoar e compreender são atividades distintas, que não se confundem: "perdoar [...] tem tão pouco a ver com compreender, que não é sua condição nem sua consequência"[4].

Com efeito, *Origens do Totalitarismo*, a obra arendtiana terminada em 1949, se constitui na materialização desse esforço de compreensão, a firme tentativa – não de oferecer respostas àquelas inquietantes indagações, mas, antes, de "preparar o terreno", isto é, "encontrar os principais elementos do nazismo, buscar suas origens e descobrir os problemas políticos reais subjacentes"[5].

Arendt parece concordar inteiramente com a tese de Isak Dinesen, escritora dinamarquesa, de que "todas as dores podem ser suportadas se você as puser numa história ou contar uma história sobre elas"[6], pois essa atividade de narração permite reconciliarmo-nos com as coisas do mundo, ou seja, revela "o sentido daquilo que, do contrário, permaneceria como uma sequência intolerável de puros acontecimentos"[7]. Também em "Verdade e Política"[8], Arendt teria enfatizado a necessidade da narração como forma, não apenas de dar sentido a fatos aparentemente desconexos, mas, sobretudo, de realizar a importante atividade de *reconciliação*[9]. Nesse texto, Arendt esclarece que

---

3 Idem, ibidem.
4 Idem, ibidem.
5 E. Young-Bruehl, *Por Amor ao Mundo: A Vida e a Obra de Hannah Arendt*, p. 194.
6 Cf. Isak Dinesen: 1885-1963, *Homens em Tempos Sombrios*, p. 95.
7 Idem, ibidem.
8 Truth and Politics, *New Yorker*, 25 fev. 1967, p. 49-88. Também presente na segunda edição de *Between Past and Future*, cf. Young-Bruehl, op. cit., p. 447. Em português, está em *Entre o Passado e o Futuro*, p. 282-325.
9 A esse respeito, Arendt assim teria se expressado: "a realidade é diferente da totalidade dos fatos e ocorrências e mais que essa totalidade, a qual, de qualquer modo, é inaveriguável. Aquele que diz o que é [...] sempre narra uma estória, e nessa estória os fatos particulares perdem sua contingência e adquirem algum sentido humanamente compreensível. É perfeitamente verdadeiro que 'todas as desgraças podem ser suportadas se você as colocar em uma estória ou narrar uma estória a respeito delas', nas palavras de Isak Dinesen, que não somente foi uma das maiores contadoras de estórias de nossa época, mas também – e ela foi quase única quanto a esse aspecto – sabia o que estava fazendo. Ela poderia ter acrescentado que também a alegria e a felicidade somente se tornam compreensíveis e significativas para os homens quando eles podem falar acerca delas e contá-las em forma de uma estória. Na medida em que o contador da verdade dos fatos é também um contador de

reconciliar-se é aceitar fatos, nunca de modo passivo e indiferente, porém numa esfera que permita a purificação, a catarse, para então se ter a condição de uma apreciação e um julgamento mais apropriado destes mesmos fatos, e então agir[10]. Assim, de certo modo, reconciliar-se é buscar sentido, significado, para os acontecimentos e criar condições para a ação.

Arendt é incisiva ao nos propor não o mero esquecer, ou o perdão, mas um certo sentimento de *responsabilidade* sobre os eventos que ocorrem na face da Terra: "se é verdade que o surgimento dos governos totalitários é o acontecimento central de nosso mundo, ao compreendermos o totalitarismo não estaremos perdoando coisa alguma, mas, antes, reconciliando-nos com um mundo em que tais coisas são definitivamente possíveis"[11].

O esforço de compreensão do totalitarismo, em Arendt, não a teria levado, no entanto, nesse primeiro momento, a uma reconciliação plena. Arendt ainda está bastante impressionada com a realidade de horror configurada nos campos de concentração. Esse estado de espírito se prolongaria por mais algum tempo – até pelo menos 1958, quando apresenta o seu conceito de *mal radical* na segunda edição de *Origens do Totalitarismo*[12].

    estórias, ele efetiva aquela 'reconciliação com a realidade' que era compreendida por Hegel, o filósofo da história *par excellence*, como o fim último de todo pensamento filosófico e que, de fato, tem sido o motor secreto de toda Historiografia que transcende a mera erudição". *Entre o Passado e o Futuro*, p. 323.

10 "A transformação da matéria-prima de pura ocorrência, que o historiador, assim como o ficcionista (um bom romance de modo algum é uma simples excogitação ou invenção de pura fantasia), deve efetivar, é bem análoga à transfiguração pelo poeta dos estados ou atividades do coração – do pesar em lamentos ou do júbilo em louvor. Podemos ver na função política do poeta, com Aristóteles, a operação de uma catarse, uma purificação ou purgação de todas as emoções que pudessem impedir os homens de agirem. A função política do contador de estórias – historiador ou novelista – é ensinar a aceitação das coisas tais como são. Dessa aceitação, que também poderia ser chamada veracidade, surge a faculdade do julgamento que, novamente com as palavras de Isak Dinesen, 'no fim teremos o privilégio de apreciar e reapreciar. E é isso o que se nomeia Dia do Juízo'", *Entre o Passado e o Futuro*, p. 323.
11 *A Dignidade da Política*, p. 39.
12 E. Young-Bruehl, op. cit., p. 197. A biógrafa de Hannah Arendt situa em julho de 1948 a publicação, sob a forma de artigo para a *Partisan Review*, dos resultados de pesquisa arendtiana sobre os campos de concentração. Segundo Young-Bruehl, esse artigo, "Os Campos de Concentração", "constituiu mais tarde a penúltima seção de *As Origens do Totalitarismo*. Mas na segunda edição da obra, o artigo era seguido por três poderosas páginas nas quais a trajetória da análise de Arendt alcançava sua meta filosófica: o conceito de mal radical", *Por Amor ao Mundo*, p. 197.

Após a guerra uma grande quantidade de material sobre campos de concentração e de trabalho escravo, tanto nazistas quanto russos, começou a aparecer em memórias, diários, romances e poemas de sobreviventes, e também em documentos oficiais. À medida que lia tais obras, [...] Arendt chegou à conclusão de que eram os campos de concentração que distinguiam fundamentalmente a forma de governo totalitária de qualquer outra. Os campos eram essenciais e únicos para essa forma de governo[13].

Assim, Hannah Arendt formulará a sua noção acerca do mal, o "mal absoluto", nos anos de 1950[14], a partir das investigações que empreendera acerca das condições de funcionamento dos campos de concentração e de trabalho forçado. A exacerbação da violência neles presente a leva a manter-se fiel à tradição filosófica ocidental, que afirma a impossibilidade de se pensar o mal[15]. Ao mesmo tempo, é preciso compreender a natureza do poder que está vinculado ao terror, no mundo moderno: o sistema totalitário[16].

Num segundo momento, que coincide com o processo de julgamento e condenação do oficial nazista Adolf Eichmann, em 1962, Arendt retoma o conceito de mal radical, mal absoluto: embora a incompreensibilidade do mal, do horror totalitário, permaneça quanto às raízes e motivos, sua reflexão agora se desloca para o conceito de *banalidade do mal*.

Ainda que os movimentos totalitários do século XX tivessem florescido a partir da cristalização de alguns elementos

---

13 Idem, p. 196. Young-Bruehl declara que a percepção arendtiana sobre a essencialidade dos campos de concentração para a efetivação do terror e, portanto, para a existência do regime totalitário, é fundamental para a teoria do totalitarismo desenvolvida em *Origens do Totalitarismo*.
14 Arendt estaria envolvida com o problema filosófico do mal até o fim de sua vida. Cf. E. Young-Bruehl, op. cit., p. 197.
15 Afirma Arendt: "É inerente a toda a nossa tradição filosófica que não possamos conceber um 'mal radical'", *Origens do Totalitarismo*, p. 510.
16 Em Arendt, a compreensão e a luta por superação do totalitarismo devem ser concomitantes: "Não podemos adiar nossa luta contra o totalitarismo até que o tenhamos 'compreendido', porque não esperamos – não podemos esperar – compreendê-lo definitivamente até que tenha sido definitivamente derrotado", *A Dignidade da Política*, p. 40. A *reconciliação*, a que se refere Arendt amiúde, embora não se confunda com a luta por superação, obtida por meio da ação política, parece depender dessa superação para se dar de modo mais efetivo.

do mundo não totalitário[17], o terror totalitário parece ir muito mais além do simples medo, comumente presente em regimes de opressão, como as tiranias. Pelo seu efeito altamente destruidor, o totalitarismo será pensado por Arendt como uma espécie totalmente diferente de dominação, que rompe com a tradição e revela a sua falência:

> Tudo o que sabemos sobre o totalitarismo indica uma terrível originalidade, que nenhum paralelo histórico é capaz de atenuar. Só podemos escapar de seu impacto se optamos por desviar nossa atenção da sua própria natureza, deixando-a fugir para as intermináveis conexões e semelhanças que certos princípios da doutrina totalitária necessariamente apresentam com relação a teorias conhecidas do pensamento ocidental. É impossível ignorar tais semelhanças. Na esfera da teoria pura e dos conceitos isolados, pode ser mesmo que não haja absolutamente nada de novo; tais semelhanças desaparecem por completo, entretanto, tão logo abandonam-se as formulações teóricas e parte-se para a aplicação prática. *Não é porque alguma "ideia" nova veio ao mundo que a originalidade do totalitarismo é terrível, mas sim porque as próprias ações desse movimento constituem uma ruptura com todas as nossas tradições; elas claramente destruíram as categorias de nosso pensamento político e nossos padrões de juízo moral*[18].

Arendt é particularmente enfática na passagem acima. Ao se constituir como *factum*, como realidade tangível, dada pelas ações empreendidas nos campos de concentração e de extermínio, o totalitarismo se instaura enquanto negação dos valores da tradição, realizando o impensável, o impossível – a ruptura. Porém, com a afirmação do movimento totalitário como evento, é a própria tradição que se despoja, em certo sentido, de realidade: ela se fragiliza e despedaça. Prevalece, então, o mal[19]. Arendt se expressa:

---

17 Cf. *A Dignidade da Política*, p. 41
18 Idem, ibidem. Grifos nossos.
19 Não obstante as complexas relações que se estabelecem entre a tradição e o "absolutamente novo", somos levados a conjecturar que, de algum modo, o totalitarismo é fruto da tradição – uma tradição talvez já ameaçada ou enfraquecida –, porque irrompe em seu seio, isto é, dela se nutre, antes mesmo de se distanciar e negá-la. Nesse sentido, o conceito arendtiano de *ruptura* perderia em intensidade, mas não em valor teórico. Seria preciso questionar, então, o grau de ruptura que se estabelece entre tradição e modernidade.

o surgimento de um mal radical antes ignorado põe fim à noção de gradual desenvolvimento e transformação de valores. Não há modelos políticos nem históricos nem simplesmente a compreensão de que parece existir na política moderna algo que jamais deveria pertencer à política como costumávamos entendê-la, a alternativa de tudo ou nada – e esse algo é tudo, isto é, um número absolutamente infinito de formas pelas quais os homens podem viver em comum, ou nada, pois a vitória dos campos de concentração significaria a mesma inexorável ruína para todos os seres humanos que o uso militar da bomba de hidrogênio traria para toda a raça humana[20].

De que maneira os campos se tornaram "essenciais" e "únicos" para o governo totalitário? Arendt assim sintetiza suas análises:

> Os campos de concentração constituem os laboratórios onde mudanças na natureza humana são testadas [...] em seu afã de provar que tudo é possível, os regimes totalitários descobriram, sem o saber, que existem crimes que os homens não podem punir nem perdoar. Ao tornar-se possível, o impossível passou a ser o mal absoluto, impunível e imperdoável, que já não podia ser compreendido nem explicado pelos motivos malignos do egoísmo, da ganância, da cobiça, do ressentimento, do desejo do poder e da covardia; e que, portanto, a ira não podia vingar, o amor não podia suportar, a amizade não podia perdoar[21].

Arendt insiste na *ideia de fabricação* para a humanidade, presente nos campos constituídos por criminosos, políticos e judeus. Na verdade, o domínio totalitário procurava reduzir suas vítimas ao nível animal, despojar de sua própria humanidade, retirando-lhes primeiramente os seus direitos políticos, a sua moralidade e, por último, a própria vida. O terror, a violência levada às últimas consequências, é um dos instrumentos eficazes para obter a submissão e a degradação humana em níveis nunca antes pensados, juntamente com a doutrinação ideológica das elites[22]. A doutrinação, como forma de destruição de nossa capacidade de compreensão, é perigosa "por nascer principalmente de uma deturpação não do conhecimento, mas da compreensão"[23].

---

20 *Origens do Totalitarismo*, p. 494.
21 Idem, p. 510.
22 Idem, p. 488.
23 *A Dignidade da Política*, p. 40. Ao suprimir a liberdade de expressão, a doutrinação "introduz o elemento da violência em todo o domínio da política", idem, ibidem.

O relato de sobreviventes permite aquilatar o nível de degradação a que eram submetidos – não apenas as vítimas, mas também os carrascos. Na verdade, para ser instaurado, o terror *pressupõe*, necessita de *ambos*, não tendo muita relevância ao sistema quanto a quem de fato seja um ou outro. No entanto, esses relatórios não são devidamente considerados: "qualquer pessoa que fale ou escreva sobre campos de concentração é tida como suspeita; e se o autor do relato voltou resolutamente ao mundo dos vivos, ele mesmo é vítima de dúvidas quanto à sua própria veracidade, como se pudesse haver confundido um pesadelo com a realidade"[24]. A superação da dor, pela via narrativa, como sugeria Dinesen, e Arendt o admitia, torna-se, assim, difícil.

Os campos de concentração corroboram a ideia de que tudo é possível. Seus métodos baseiam-se no princípio altamente aniquilador de que "tudo é permitido"[25]. Desse modo, instaura-se o impossível, o inconcebível, o mal radical. Para isso ocorrer, é necessário manter as vítimas isoladas do mundo exterior e isoladas entre si mesmas. Graças a esse *isolamento* é que os relatos são tidos como irreais e inverossímeis. Nas palavras de Arendt:

> da mesma forma como a estabilidade do regime totalitário depende do isolamento do mundo fictício criado pelo movimento em relação ao mundo exterior, também a experiência do domínio total nos campos de concentração depende de seu fechamento ao mundo de todos os homens, ao mundo dos vivos em geral, até mesmo ao mundo do próprio país que vive sob o domínio totalitário. Esse isolamento explica a peculiar irrealidade e a incredibilidade que caracterizam todos os relatos provenientes dos campos de concentração e constitui uma das principais dificuldades para a verdadeira compreensão do domínio totalitário, pois, por mais incrível que pareça, os campos são a verdadeira instituição central do poder organizacional totalitário[26].

O duplo isolamento a que as vítimas estão sujeitas – separação do mundo exterior, e de si mesmas, dentro do próprio campo – levam àquilo que Hannah Arendt chamou de *perda do mundo*[27],

---

24 *Origens do Totalitarismo*, p. 489.
25 Idem, p. 491.
26 Idem, p. 489.
27 Tema amplamente desenvolvido por Arendt em *A Condição Humana*, e que procuraremos analisar no capítulo subsequente.

isto é, o sentimento de irrealidade, de não pertencimento a nada, o qual destrói a capacidade humana de organização e a tentativa de ação política.

O isolamento, gerado pelo domínio totalitário, constitui-se em um dos expedientes necessários à instalação daquele "mal radical", inédito na história do Ocidente, na visão de Arendt: "não há paralelos para comparar com algo a vida nos campos de concentração [...] O trabalho forçado nas prisões e colônias penais, o banimento, a escravidão, todos parecem, por um instante, oferecer possibilidade de comparação, mas, num exame cuidadoso, não levam a parte alguma"[28]. Devido ao seu caráter de ineditismo, "não havia tradição filosófica dentro da qual esse mal absoluto pudesse ser compreendido. Só com uma análise dos 'elementos' que se cristalizavam no totalitarismo – superpopulação, expansão e superfluidade econômica, e desenraizamento social e deterioração da vida política – esse mal absoluto podia ser iluminado"[29].

O isolamento, aliado a um nível de violência extrema, provoca a sensação de *incredibilidade*. Nas fortes palavras de Arendt:

o [...] horror [presente na vida dos campos de concentração] não pode ser inteiramente alcançado pela imaginação justamente por situar-se fora da vida e da morte. Jamais pode ser inteiramente narrado, justamente porque o sobrevivente retorna ao mundo dos vivos, o que lhe torna impossível acreditar completamente em suas próprias experiências passadas. É como se o que tivesse a contar fosse uma história de outro planeta, pois para o mundo dos vivos, onde ninguém deve saber se ele está vivo ou morto, é como se ele jamais houvesse nascido[30].

Assim, banidos de seu próprio mundo, proscritos de sua própria humanidade, os prisioneiros dos campos se caracterizam pela mais profunda e desprezível *superfluidade*. "O interno do campo de concentração não tem preço algum, porque sempre pode ser substituído; ninguém sabe a quem ele pertence, porque nunca é visto. Do ponto de vista da sociedade normal,

---

28 *Origens do Totalitarismo*, p. 494.
29 E. Young-Bruehl, op. cit., p. 197.
30 *Origens do Totalitarismo*, p. 494.

ele é absolutamente supérfluo, embora em épocas de intensa falta de mão-de-obra, como na Rússia e na Alemanha durante a guerra, fosse usado para o trabalho"[31]. No entanto, Arendt utiliza-se de bibliografia especializada sobre esse assunto para confirmar a ideia de que, em grande medida, o trabalho realizado nos campos, qualquer que fosse, se caracterizava pela inutilidade, ineficácia e alto preço, para proclamar que, "aos olhos de um mundo estritamente utilitário, a evidente contradição entre esses atos e a conveniência militar dava a todo o sistema a aparência de louca irrealidade"[32].

Irrealidade, superfluidade, inutilidade – estas características são acentuadas ao se eliminar não apenas a vida humana, mas o próprio fato de essa vida ter um dia existido. A extirpação da memória do morto, entre os sobreviventes de seu grupo de parentesco ou convívio, é obtida graças ao caráter de extremo isolamento e suspeita que impera entre os prisioneiros[33]. "O verdadeiro horror dos campos de concentração e de extermínio reside no fato de que os internos, mesmo que consigam manter-se vivos, estão mais isolados do mundo dos vivos do que se tivessem morrido, porque o horror compele ao esquecimento"[34].

As operações desenvolvidas nos campos de concentração, destinadas a tratar as pessoas como se nunca tivessem existido e depois aniquilá-las, obedeciam a um rígido sistema de divisão das vítimas, com algumas variações entre o sistema nazista e o stalinista. Na Alemanha conviviam diferentes categorias de presos no mesmo campo, porém num radical isolamento entre si. Essa separação obedecia a certos "critérios", baseados na origem étnica: grupos inimigos de extermínio imediato (judeus), futuro (poloneses, russos, ucranianos), ou sem data prevista (belgas, franceses). No entanto, reais inimigos declarados dos nazistas, como os escandinavos, recebiam tratamento diferenciado. Na Rússia, onde os critérios pareciam ser menos precisos, havia três sistemas relativamente independentes: a categoria dos condenados a trabalhos forçados, que desfrutavam de certa liberdade e sentenças limitadas; a categoria dos

---

31 Idem, p. 495.
32 Idem, ibidem.
33 Idem, p. 493.
34 Idem, ibidem.

prisioneiros dos campos de concentração, cujo objetivo era o de exploração para o trabalho, e onde se registrava elevada taxa de mortalidade; e, por fim, os campos de aniquilação, nos quais a morte era provocada pela fome ou abandono[35].

A imagem de que Arendt se vale para compreender a natureza dos campos não deixa de ser impressionante: estes se classificariam em

três tipos correspondentes às três concepções ocidentais básicas de uma vida após a morte: o Limbo, o Purgatório e o Inferno. Ao Limbo correspondem aquelas formas relativamente benignas, que já foram populares mesmo em países não totalitários, destinadas a afastar da sociedade todo tipo de elementos indesejáveis – os refugiados, os apátridas, os marginais e os desempregados –; os campos de pessoas deslocadas, por exemplo, que continuaram a existir mesmo depois da guerra, nada mais são do que campos para os que se tornaram supérfluos e importunos. O Purgatório é representado pelos campos de trabalho da União Soviética, onde o abandono alia-se ao trabalho forçado e desordenado. O Inferno, no sentido mais literal, é representado por aquele tipo de campos que os nazistas aperfeiçoaram e onde toda a vida era organizada, completa e sistematicamente, de modo a causar o maior tormento possível.

Os três tipos têm uma coisa em comum: as massas humanas que eles detêm são tratadas como se já não existissem, como se o que sucedesse com elas não pudesse interessar a ninguém, como se já estivessem mortas e algum espírito mau, tomado de alguma loucura, brincasse de suspendê-las por certo tempo entre a vida e a morte, antes de admiti-las na paz eterna[36].

Arendt ressalta, em sua análise acerca dos campos de concentração e de extermínio, que o mais desolador desse cenário de degradação e morte é o fato de ele ter sido criado aqui na Terra, pelo próprio homem, tornando real e presente algo que sempre parecera impossível.

Aquilo que durante milhares de anos fora relegado pela imaginação do homem a uma esfera além da competência humana pode

---

35 Idem, ibidem.
36 Idem, p. 496. O Inferno, como nota Arendt, teria sido ainda melhor que os campos de concentração, por comportar a ideia de um critério absoluto de justiça – o Julgamento Final – associado à infinita possibilidade de misericórdia, idem, p. 497.

ser fabricado aqui mesmo na Terra, que o Inferno e o Purgatório, e até mesmo um arremedo da sua duração perpétua, podem ser criados pelos métodos mais modernos da destruição e da terapia [...] O inferno totalitário prova somente que o poder do homem é maior do que jamais ousaram pensar, e que podemos realizar nossas fantasias infernais sem que o céu nos caia sobre a cabeça ou a terra se abra sob os nossos pés[37].

Inconformada com a ideia totalitária, posta em prática, de que tudo seja realmente possível, e comprometida com os altos valores da tradição ocidental, como o humanismo, Arendt acredita ser necessário ocupar-se com os horrores cometidos pelo sistema totalitário de poder, para mergulhar em suas entranhas e, desse modo, tentar "iluminá-lo". "Se é verdade que os campos de concentração são a instituição que caracteriza mais especificamente o governo totalitário, então deter-se nos horrores que eles representam é indispensável para compreender o totalitarismo"[38].

A aceitação passiva da morte física, pelas massas de pessoas despojadas de sua humanidade, se constituía em um desses "horrores":

> Mais que o arame farpado, é a irrealidade dos detentos que ele confina, que provoca uma crueldade tão incrível que termina levando à aceitação do extermínio como solução perfeitamente normal. Tudo o que se faz nos campos tem o seu paralelo no mundo das fantasias malignas e perversas. O que é difícil entender, porém, é que esses crimes ocorriam num mundo fantasma materializado num sistema em que, afinal, existiam todos os dados sensoriais da realidade, faltando-lhe apenas aquela estrutura de consequências e responsabilidade sem a qual a realidade não passa de um conjunto de dados incompreensíveis. Como resultado, passa a existir um lugar onde os homens podem ser torturados e massacrados sem que nem os atormentadores nem os atormentados, e muito menos o observador de fora, saibam que o que está acontecendo é algo mais do que um jogo cruel ou um sonho absurdo[39].

---

37 Idem, p. 497.
38 Idem, p. 491.
39 Idem, p. 496.

Com efeito, Arendt ressalta que os campos de concentração, esta aparentemente obscura e cruel realidade, são o resultado de processos e métodos transparentes e lógicos.

A desvairada fabricação em massa de cadáveres é precedida pela preparação, histórica e politicamente inteligível, de cadáveres vivos. O incentivo e, o que é mais importante, o silencioso consentimento a tais condições sem precedentes resultam daqueles eventos que, num período de desintegração política, súbita e inesperadamente tornaram centenas de milhares de seres humanos apátridas, desterrados, proscritos e indesejados, enquanto o desemprego tornava milhões de outros economicamente supérfluos e socialmente onerosos[40].

Morte da pessoa jurídica, morte da pessoa moral do homem, e finalmente a destruição física: esses eram os passos a serem seguidos na fabricação de cadáveres. Segundo Arendt, o surgimento, logo após o término da Primeira Guerra Mundial, de grandes contingentes de povos vencidos, sem território e sem o amparo da lei, teria contribuído, fornecendo grande parte do material humano necessário para a instauração do domínio total. Absorvidos por outros países que se mantiveram intactos, esses homens eram considerados, em seus novos lares, como os "fora da lei", sem no entanto terem infringido qualquer lei. Mais tarde, seriam enviados, juntamente a outras categorias de pessoas, para campos de concentração independentes do sistema penal oficial, com o intuito de proteger a população de elementos "perigosos". Nas palavras de Arendt:

o primeiro passo essencial no caminho do domínio total é matar a pessoa jurídica do homem. Por um lado, isso foi conseguido quando certas categorias de pessoas foram excluídas da proteção da lei e quando o mundo não totalitário foi forçado, por causa da desnacionalização maciça, a aceitá-los como os fora da lei; logo a seguir, criaram-se campos de concentração fora do sistema penal normal, no qual um crime definido acarreta uma pena previsível. Assim, os criminosos, que, aliás, constituíam um elemento essencial na sociedade dos campos de concentração, geralmente só eram ali confinados depois de completarem a sentença a que haviam [sido] condenados. *Em todas as circunstâncias, o domínio totalitário cuidava para que as categorias confinadas nos campos – judeus, portadores de doenças, representantes*

---

40 Idem, p. 498.

das classes agonizantes – perdessem a capacidade de cometer quaisquer atos normais ou criminosos. Do ponto de vista da propaganda, essa "custódia protetora" era apresentada como "medida policial preventiva", isto é, medida que tira das pessoas a capacidade de agir[41].

O recurso da inserção de elementos criminosos junto às demais categorias dos campos desempenhava múltiplas funções. Do ponto de vista exterior, servia para conferir veracidade, confiabilidade ao sistema, que tem por tarefa "proteger" a sociedade dos pretensos inimigos. Internamente, servia para intencionalmente tentar nivelar os prisioneiros que nada fizeram à reputação de criminosos e assassinos da pior espécie. Estes desfrutavam de um *status* superior entre todos os detentos: eram "respeitados" justamente em virtude de sua periculosidade, exatamente porque haviam cometido algum tipo de delito, pelo qual, inclusive, já haviam cumprido a pena[42]. "O que leva os criminosos à liderança não é tanto a sua afinidade com o pessoal da supervisão [...] quanto o fato de que somente os criminosos são mandados para o campo em virtude de alguma atividade definida. Eles, pelo menos, sabem por que estão num campo de concentração, e, portanto, conservam ainda um resíduo da personalidade jurídica"[43]. Em situação semelhante estariam também os prisioneiros políticos, desde que tivessem sido incriminados por atos, e não por meras opiniões ou suspeitas pouco fundadas[44].

Na verdade, o lugar dos criminosos comuns não é o campo de concentração: "em hipótese alguma deve o campo de concentração transformar-se em castigo previsível para um crime definido"[45], uma vez que "é mais difícil matar a pessoa jurídica de um homem culpado por algum crime do que a de um outro totalmente inocente"[46].

Assim, criminosos que já haviam cumprido a pena, e presos políticos que efetivamente haviam praticado algum ato ilegal, faziam parte da população dos campos. Porém, a sua maioria

---

41 Idem, ibidem. Grifos nossos.
42 Idem, p. 498-499.
43 Idem, p. 499-500.
44 Idem, p. 500.
45 Idem, p. 499.
46 Idem, ibidem. Os inocentes, "destituídos da distinção protetora de haverem feito alguma coisa, ficam completamente expostos à arbitrariedade", idem, p. 500.

era constituída da categoria de *inocentes*: pessoas que nada fizeram e eram privadas de direitos. Os inocentes eram representados, na Alemanha, por judeus e, na Rússia, por elementos que arbitrariamente eram ali colocados por terem, de algum modo, "desagradado" as autoridades[47]:

esses grupos, inocentes em todos os sentidos, prestam-se melhor a experiências radicais de privação de direitos e destruição da pessoa jurídica e são, portanto, em qualidade e quantidade, a categoria mais essencial da população dos campos – princípio que teve a sua aplicação mais ampla nas câmaras de gás, que, pelo menos por sua enorme capacidade, não podiam destinar-se a casos individuais, mas a grandes números de pessoas[48].

Os internos eram escolhidos arbitrariamente[49] para o ingresso em um campo, mas a sua distribuição em categorias, que ocorria quando de sua chegada, enquanto "medida tática organizacional", tinha o objetivo de destruir os últimos laços de solidariedade ainda porventura existentes[50]. "Originalmente destinada a evitar qualquer solidariedade entre os internos, essa técnica [de categorização dos presos] demonstrou-se particularmente valiosa, pois ninguém podia saber se a categoria a que pertencia era melhor ou pior que as outras, embora na Alemanha os judeus fossem, em toda e qualquer circunstância, a categoria mais baixa"[51]. A perda da identidade jurídica era atestada quando os internos se apegavam às categorias que lhes atribuíam – ainda que irreais ou arbitrárias –, assumindo-as como se realmente fossem as suas, "como se as categorias a que pertenciam lhes acenassem com o último vislumbre de tratamento previsível, como se representassem uma identidade jurídica derradeira e, portanto, fundamental"[52]. O objetivo do sistema é de fato destituir os homens de seus direitos e de sua liberdade para concordar ou

---

47 Idem, p. 500.
48 Idem, ibidem. Os campos de concentração de caráter totalitário teriam surgido, na Alemanha, a partir de 1938, e na Rússia, alguns anos antes, no início da década de 30, idem, p. 501.
49 A arbitrariedade, segundo Arendt, era o princípio essencial da instituição dos campos, idem, p. 501.
50 Idem, p. 500-501.
51 Idem, ibidem.
52 Idem, p. 501.

se opor, pois "o livre consentimento é um obstáculo ao domínio total, como o é a livre oposição. A prisão arbitrária que escolhe pessoas inocentes destrói a validade do livre consentimento, da mesma forma como a tortura – em contraposição à morte – destrói a possibilidade da oposição"[53].

Quanto à efetivação da morte da pessoa moral, cultua-se o *esquecimento* sob todas as suas formas: silenciam-se os canais de expressão da opinião pública, destroem-se os laços afetivos e de solidariedade; proíbem-se a dor e a recordação: esvazia-se o sentido de culto aos mortos e a tentativa de celebrar a individualidade que deixou de existir; portanto, promove-se uma progressiva ausência de memória e de consciência. Qualquer forma de individualismo é combatida e eliminada[54].

Os campos de concentração, tornando anônima a própria morte e tornando impossível saber se um prisioneiro está vivo ou morto, roubaram da morte o significado de desfecho de uma vida realizada. Em certo sentido, roubaram a própria morte do indivíduo, provando que, doravante, nada – nem a morte – lhe pertencia e que ele não pertencia a ninguém. A morte apenas selava o fato de que ele jamais havia existido[55].

Sobre a progressiva ausência de consciência entre os prisioneiros dos campos de concentração, assim se expressa Arendt:

o mais terrível triunfo do terror totalitário foi evitar que a pessoa moral pudesse refugiar-se no individualismo, e tornar as decisões da consciência questionáveis e equívocas. Ante a alternativa de trair e assim matar os seus amigos, de mandar para a morte a esposa e os filhos, pelos quais é em todos os sentidos responsável, quando até mesmo o suicídio significaria a matança imediata da sua família – como deve um homem decidir? *A alternativa já não é entre o bem e o mal, mas entre matar e matar*[56].

Tornada, assim, um imperativo, a tarefa de matar é compartilhada entre carrascos e vítimas; neste sentido, ambos se confundem. Nas próprias palavras de Arendt:

53 Idem, p. 502.
54 Idem, p. 503.
55 Idem, ibidem.
56 Idem, ibidem. Grifos nossos.

pela criação de condições em que a consciência deixa de ser adequada e fazer o bem se torna inteiramente impossível, a cumplicidade conscientemente organizada de todos os homens nos crimes dos regimes totalitários é estendida às vítimas e, assim, torna-se realmente total. Os homens da ss implicavam os internos dos campos de concentração – criminosos, políticos, judeus – em seus crimes, tornando-os responsáveis por grande parte da administração e confrontando-os, assim, com o desesperado dilema de mandarem os seus amigos para a morte ou ajudarem a matar outros homens que lhes eram estranhos – forçando-os, num caso e no outro, a agirem como assassinos. Não apenas o ódio era desviado dos que tinham culpa [...], mas também desaparecia a linha divisória entre o perseguidor e o perseguido, entre o assassino e a vítima[57].

A essa completa degradação moral segue-se a morte física. Antes, porém, da consumação do aniquilamento total, o corpo humano é submetido às mais cruéis formas de violência e "experimentos científicos"; é manipulado "– com as suas infinitas possibilidades de dor [...] de forma a fazê-lo destruir a pessoa humana"[58], a identidade única do indivíduo.

Se a tortura era de início aplicada com o objetivo de obter declaração, passa a ser praticada de modo irracional e sádico, servindo como válvula de escape às paixões inferiores e instintos cruéis dos torturadores, nos primeiros campos de concentração nazistas e nos porões da Gestapo, com elevada taxa de mortalidade[59]. "*Esse tipo de tortura parecia ser menos uma instituição política calculada que uma concessão do regime aos seus partidários criminosos e anormais, dessa forma recompensados pelos serviços prestados*"[60].

Ora, a tortura "irracional e sádica", se de fato concedida e não imposta pelo sistema totalitário, era um mal que poderia muito bem ter sido evitado – *mas não o foi* – o que nos leva a refletir sobre até onde podem chegar a degradação e a perversidade do homem, quando confrontado em situações-limite.

Baseada em relatos de especialistas sobre o período totalitário, Arendt interpreta essa violência exacerbada como "atos de

---

57 Idem, p. 503-504.
58 Idem, p. 504.
59 Idem, ibidem.
60 Idem, p. 505. Grifos nossos.

bestialidade individual", cometidos por alguns membros da SA, em função de rancores pessoais bastante sedimentados. Assim,

atrás da cega bestialidade da SA, havia muitas vezes um profundo ódio e ressentimento contra os que eram social, intelectual ou fisicamente melhores que eles, e que estavam agora à sua mercê, como numa realização dos seus mais loucos sonhos. Esse ressentimento, que nunca chegou a desaparecer inteiramente dos campos, parece-nos [conclui Arendt] o derradeiro vestígio de um sentimento humanamente compreensível[61].

Para além desse "sentimento humanamente compreensível" estaria a irrupção de algo com que Arendt ficaria profundamente perturbada – Auschwitz e a fabricação sistemática de cadáveres[62].
"O verdadeiro horror […] começou quando a SS tomou a seu cargo a administração dos campos. A antiga bestialidade espontânea cedeu lugar à destruição absolutamente fria e sistemática de corpos humanos, calculada para aniquilar a dignidade humana"[63]. Com efeito, para atingir o nível de "exemplaridade" – necessário para coibir qualquer revolta ou resistência – era preciso, para a perpetuação do sistema totalitário, mais do que a simples morte física; necessitava-se promover a degradação

---

61 Idem, ibidem.
62 Idem, ibidem. Mais tarde, em fins de 1964, Arendt assim teria se pronunciado a respeito dos acontecimentos de 1943, em Auschwitz: "de início nós não acreditamos, se bem que, para dizer a verdade, meu marido [Heinrich Blücher] e eu julgássemos esses assassinos capazes de tudo. Mas nisso, não tínhamos acreditado, em parte porque ia contra toda necessidade, não tinha qualquer objetivo militar. Meu marido, que havia sido historiador militar e que entende um pouco do assunto, me disse: 'Não preste atenção a esse falatório, eles não podem chegar a esse ponto!' E no entanto tivemos que acreditar seis meses mais tarde, quando comprovamos o que tinha ocorrido. Isso é que foi perturbador. Anteriormente, dizíamos: 'Bom, nós temos inimigos. É a ordem natural das coisas. Por que um povo não teria inimigos?' Mas foi completamente diferente. Foi na verdade como se um abismo se abrisse diante de nós, porque tínhamos imaginado que todo o resto iria de alguma maneira se ajeitar, como sempre pode acontecer na política. Mas dessa vez não. Isso jamais poderia ter acontecido. E não estou me referindo ao número de vítimas, mas à fabricação sistemática de cadáveres etc. – não preciso me estender mais sobre o assunto. Auschwitz não poderia ter acontecido. Lá se produziu alguma coisa que nunca chegamos a assimilar". Entrevista concedida a Günter Gaus e publicada com o título "Só Permanece a Língua Materna", *A Dignidade da Política*, p. 134-135. Sabe-se que três milhões de judeus morreram no campo de Auschwitz.
63 *Origens do Totalitarismo*, p. 505.

completa da pessoa humana, reduzindo, portanto, o homem à sua animalidade e eliminando-se a espontaneidade e certo grau de liberdade que são inerentes à ação humana[64]. Desse modo, uma vez "morta a individualidade, nada resta senão horríveis marionetes com rostos de homens, todas com o mesmo comportamento do cão de Pavlov, todas reagindo com perfeita previsibilidade mesmo quando marcham para a morte"[65]. Pois "a experiência dos campos de concentração demonstra realmente que os seres humanos podem transformar-se em espécimes do animal humano, e que a 'natureza' do homem só é 'humana' na medida em que dá ao homem a possibilidade de tornar-se algo eminentemente não natural, isto é, um homem"[66].

A fabricação sistemática de cadáveres, a destruição fria e calculista de elevado número de corpos humanos como culminação do processo de morte da pessoa jurídica e da pessoa moral, essa violência levada a extremos constituiu-se no *mal* a que Arendt denominou de *radical e absoluto*. A força de sua expressão – como se um abismo tivesse se aberto diante de nós – gera a imagem perfeita para melhor compreendermos o sentido de sua concepção de *ruptura totalitária*: massa de homens isolados, supérfluos, num mundo novo, absurdo e assustador. Com efeito, o totalitarismo, ao aspirar a um poder irrestrito[67],

não procura o domínio despótico dos homens, mas sim um sistema em que os homens sejam supérfluos [...] A tentativa totalitária de tornar supérfluos os homens reflete a sensação de superfluidade das massas modernas numa terra superpovoada. O mundo dos agonizantes, no qual os homens aprendem que são supérfluos através de um modo de vida em que o castigo nada tem a ver com o crime, em que a exploração é praticada sem lucro, e em que o trabalho é realizado sem proveito, é um lugar onde a insensatez é diariamente renovada. No entanto, na estrutura da ideologia totalitária, nada poderia ser mais sensato e lógico. Se os presos são insetos daninhos,

---

64 Idem, p. 506.
65 Idem, ibidem.
66 Idem, ibidem.
67 Segundo Arendt, o termo "totalitarismo" deve ser usado com cautela; a distinção entre governo totalitário, tirania e ditadura "não é de modo algum uma questão acadêmica que possa ser deixada, sem riscos, aos cuidados dos 'teóricos', porque o domínio total é a única forma de governo com a qual não é possível coexistir". *Origens do Totalitarismo*, p. 343.

é lógico que sejam exterminados por meio de gás venenoso; se são degenerados, não se deve permitir que contaminem a população; se têm "almas escravas" (Himmler), ninguém deve perder tempo tentando reeducá-los. Vistos através do prisma da ideologia, os campos parecem até ser lógicos demais[68].

Em "Ideologia e Terror: Uma Nova Forma de Governo", Arendt reflete sobre as principais características do regime político que fez da exacerbação da violência a sua marca distintiva[69]. A especificidade do totalitarismo em relação a outras formas de opressão política estaria, sobretudo, na criação de instituições políticas inteiramente novas; na destruição de todas as tradições sociais, legais e políticas; na transformação das classes sociais em massas amorfas e sem vontade; na substituição do sistema partidário por um movimento de massas; na transferência do centro do poder, do exército para a polícia; na implantação de uma política exterior com vistas ao domínio total. Desenvolvido a partir de sistemas unipartidários, passaria a operar de acordo com um novo quadro de valores. Assim sendo, tornar-se-ia necessário criar todo um aparato conceitual para analisar – aceitar, julgar ou prever – o seu curso de ação[70].

Nascido da profunda crise que o homem moderno vive, e sendo ao mesmo tempo, segundo Arendt, "o seu mais claro sintoma"[71], o regime totalitário se constituiria em uma espécie totalmente diferente de governo[72]. Ao desafiar as leis positivas, ainda assim atuaria segundo a orientação de uma lei: a lei da Natureza ou da História, tida como a fonte de todas as leis; não seria, portanto, arbitrário. Nas palavras da própria Arendt, o totalitarismo, "longe de ser 'ilegal', recorre à fonte de autoridade da qual as leis positivas recebem a sua legitimidade final; [...] longe de ser arbitrário, é mais obediente a essas forças sobre-humanas que qualquer governo jamais o foi; e [...] longe de exercer o seu poder no interesse de um só homem, está perfeitamente disposto

---

68 Idem, p. 508.
69 *Origens do Totalitarismo*, p. 512-531. Nesse texto, originalmente publicado como artigo na *Review of Politics*, em julho de 1953, e incluído na segunda edição americana de *Origens do Totalitarismo*, Hannah Arendt resume a sua teoria sobre o poder totalitário.
70 Idem, p. 512.
71 Idem, ibidem.
72 Idem, p. 513.

a sacrificar os interesses vitais e imediatos de todos à execução do que supõe ser a lei da História ou a lei da Natureza"[73].

O regime totalitário pretende forjar para si, desse modo, uma "nova" e "superior" forma de legitimidade: ao afirmar inspirar-se diretamente na origem de todas as leis, e, além disso, ao desvincular o cumprimento da lei de todo ato e desejo humanos, rompendo deliberadamente com o consentimento dado pelos homens à autoridade da lei, pretende que a própria humanidade se torne a encarnação da lei[74].

Arendt esclarece que a identificação do homem com a lei, no totalitarismo, afasta-se do caráter estabilizador das leis positivas, dado pela fonte de autoridade natural ou divina: "na interpretação do totalitarismo, todas as leis se tornam leis de movimento"[75].

Por trás dessa concepção de lei aliada à noção de movimento estaria a influência do pensamento naturalista de Darwin e do pensamento histórico-materialista de Marx.

> Embora os nazistas falassem da lei da natureza e os bolchevistas falem da lei da história, natureza e história deixam de ser a força estabilizadora da autoridade para as ações dos homens mortais; elas próprias tornam-se movimento. Sob a crença nazista em leis raciais como expressão da lei da natureza, está a ideia de Darwin do homem como produto de uma evolução natural que não termina necessariamente na espécie atual de seres humanos, da mesma forma como, sob a crença bolchevista numa luta de classes como expressão da lei da história, está a noção de Marx da sociedade como produto de um gigantesco movimento histórico que se dirige, segundo a sua própria lei de dinâmica, para o fim dos tempos históricos, quando então se extinguirá a si mesmo [...] Se considerarmos não a obra propriamente dita, mas as filosofias básicas de ambos [Darwin e Marx], verificaremos que, afinal, o movimento da história e o movimento da natureza são um só[76].

No entanto, uma dificuldade teria sido desvendada, segundo Arendt, pelos próprios regimes totalitários: o processo do movimento – expresso na lei – não poderia ter fim:

---

73 Idem, p. 513-514.
74 Idem, p. 514-515.
75 Idem, p. 515.
76 Idem, ibidem. Arendt lembra, nesse ponto de sua exposição, a "clareza" de Engels ao perceber a afinidade de ambos os pensamentos – darwinista e marxista, fundados no conceito de *evolução* e na *lei da sobrevivência dos mais aptos,* idem, p. 516.

se é lei da natureza eliminar tudo o que é nocivo e indigno de viver, a própria natureza seria eliminada quando não se pudessem encontrar novas categorias nocivas e indignas de viver; se é lei da história que, numa luta de classes, certas classes "fenecem", a própria história humana chegaria ao fim se não se formassem novas classes que, por sua vez, pudessem "fenecer" nas mãos de governantes totalitários [...] A lei de matar, pela qual os movimentos totalitários tomam e exercem o poder, permaneceria como lei do movimento mesmo que conseguissem submeter toda a humanidade ao seu domínio[77].

Com efeito, a lei de matar, tida como expressão concreta da lei do movimento da história ou da natureza, converte-se, no totalitarismo, em *terror*. Arendt o considera como o fundamento do governo totalitário, tendo como função – à maneira das leis positivas em regimes não opressivos – "estabilizar" os homens, com a diferença de que agora trata-se de fazer liberar as forças da natureza e da história. O emprego do terror é justificado a princípio como meio de combater a oposição real ou virtual, mas, na verdade, é mantido mesmo quando não existirem mais oposições ao regime – uma "exigência" do processo do movimento. Em suma, a finalidade do terror é a fabricação da humanidade: eliminar os indivíduos pelo bem da espécie, sacrificar as "partes" em benefício do todo[78]. Seu domínio pretende estender-se por todo o mundo, para só então realizar a lei do movimento da natureza ou da história.

Arendt insiste na diferença entre violência e terror, e afirma que "em nenhum outro lugar fica mais evidente o fator autodestrutivo da vitória da violência sobre o poder do que no uso do terror para manter a dominação [...] O terror não é o mesmo que a violência; ele é, antes, a forma de governo que advém quando a violência, tendo destruído todo poder, ao invés de abdicar, permanece com controle total"[79]. A violência pode destruir o poder, mas é incapaz de criá-lo[80].

Assim, o terror totalitário, embora em seus estágios iniciais faça uso da violência em sua forma abrandada, tal como ocorre

---

77 Idem, p. 516.
78 Idem, p. 517.
79 *Sobre a Violência*, p. 43.
80 Idem, p. 42.

em regimes tirânicos, não se confunde com estes últimos. Segundo Arendt,

o terror total não deixa atrás de si nenhuma ilegalidade arbitrária, e a sua fúria não visa ao benefício do poder despótico de um homem contra todos, e muito menos a uma guerra de todos contra todos [...] O terror total, a essência do regime totalitário, não existe a favor nem contra os homens. Sua suposta função é proporcionar às forças da natureza ou da história um meio de acelerar o seu movimento [...] Na prática, [...] o terror executa sem mais delongas as sentenças de morte que a Natureza supostamente pronunciou contra aquelas raças ou aqueles indivíduos que são "indignos de viver", ou que a História decretou contra as "classes agonizantes", sem esperar pelos processos mais lerdos e menos eficazes da própria história ou natureza[81].

Para obter êxito nessa empresa de elemento acelerador do movimento da natureza ou da história, o terror totalitário comprime os homens uns aos outros, cingindo-os por meio de uma espécie de cinturão de ferro e tornando-os como que Um-Só-Homem de grandes dimensões. Privam-se os homens de seus direitos; a pluralidade humana se dissolve nesse Único Homem e a liberdade individual é destruída[82]:

pressionando os homens uns contra os outros, o terror total destrói o espaço entre eles; comparado às condições que prevalecem dentro do cinturão de ferro, até mesmo o deserto da tirania, por ainda constituir algum tipo de espaço, parece uma garantia de liberdade. O governo totalitário não restringe simplesmente os direitos nem simplesmente suprime as liberdades essenciais; tampouco, pelo menos ao que saibamos, consegue erradicar do coração dos homens o amor à liberdade, que é simplesmente a capacidade de mover-se, a qual não pode existir sem espaço[83].

Anos mais tarde, Arendt assim sintetizaria a distinção entre o governo totalitário e os regimes despóticos:

a diferença decisiva entre a dominação totalitária, baseada no terror, e as tiranias e ditaduras, estabelecidas pela violência, é que a primeira

---

81 *Origens do Totalitarismo*, p. 518-519.
82 Idem, p. 518.
83 Idem, ibidem.

investe não apenas contra seus inimigos, mas também contra seus amigos e apoiadores, temendo todo poder, mesmo o poder de seus amigos. O ápice do terror é alcançado quando o Estado policial inicia a devoração de suas próprias crias, quando o executante de ontem torna-se a vítima de hoje. E este é também o momento em que o poder desaparece completamente[84].

Como todo governo, o regime totalitário também necessita de um princípio orientador e um critério para a conduta de seus cidadãos[85]. O totalitarismo introduziria um princípio de ação inteiramente novo, que seria compatível com a sua essência – o terror. O medo não seria um princípio apropriado, segundo Arendt, uma vez que "as ações que inspira já não ajudam a evitar o perigo que se teme"[86]. Também a simpatia e o apoio ao regime não seriam indicados: o terror total segue critérios objetivos na escolha das vítimas e seleciona os carrascos sem levar em consideração suas convicções pessoais; na verdade, o sistema totalitário busca firmemente eliminá-las. "O objetivo da educação totalitária nunca foi insuflar convicções, mas destruir a capacidade de adquiri-las"[87]. Assim,

nenhum princípio orientador da conduta que seja, ele próprio, extraído da esfera da ação humana, como a virtude, a honra e o medo, é necessário ou pode servir para acionar um corpo político que já não emprega o terror como forma de intimidação, mas cuja essência é o próprio terror [...] Os habitantes de um país totalitário são arremessados e engolfados num processo da natureza ou da história para que se acelere o seu movimento; como tal, só podem ser carrascos ou vítimas da sua lei inseparável. O processo pode decidir que aqueles que hoje eliminam raças e indivíduos ou membros das classes agonizantes e dos povos decadentes serão amanhã os que devam ser imolados. *Aquilo de que o sistema totalitário precisa*

---

84 *Sobre a Violência*, p. 43-44.
85 *Origens do Totalitarismo*, p. 519. Afirma Arendt: "o que sempre faltou à definição de governo é o que Montesquieu chamou de um 'princípio de ação' que, sendo diferente para cada forma de governo, inspiraria governantes e cidadãos em sua atividade pública e serviria como critério, além da avaliação meramente negativa da legalidade, para julgar todos os atos no terreno das coisas públicas. Esses princípios orientadores e critérios da ação, segundo Montesquieu, são, numa monarquia, a honra; numa república, a virtude; e numa tirania, o medo", idem, ibidem.
86 Idem, p. 520.
87 Idem, ibidem.

para guiar a conduta de seus súditos é um preparo para que cada um se ajuste igualmente bem ao papel de carrasco e ao papel de vítima. Essa preparação bilateral, que substitui o princípio de ação, é a ideologia[88].

Em Arendt, a ideologia tem o sentido literal, próprio da palavra: a lógica de uma ideia[89], que prepara os indivíduos para a ação; seu objeto de estudo é a história, à qual a ideia é aplicada:

o resultado dessa aplicação não é um conjunto de postulados acerca de algo que *é,* mas a revelação de um processo que está em constante mudança. A ideologia trata o curso dos acontecimentos como se seguissem a mesma "lei" adotada na exposição lógica da sua "ideia". As ideologias pretendem conhecer os mistérios de todo o processo histórico – os segredos do passado, as complexidades do presente, as incertezas do futuro – em virtude da lógica inerente de suas respectivas ideias[90].

Como consequência desta aplicação da ideia à história, nota-se a relativa supremacia e autonomia do processo lógico da noção de história sobre o próprio movimento da história: "o que quer que aconteça [no mundo dos fatos reais], acontece segundo a lógica de uma 'ideia'"[91].

Portanto, a lógica exercerá uma espécie de "tirania", por meio do seu processo de dedução, a partir de uma premissa dada e a observância ao princípio de não contradição.

Assim que se aplica a uma ideia a lógica como movimento de pensamento – e não como o necessário controle do ato de pensar – essa ideia se transforma em premissa. As explicações ideológicas do mundo realizaram essa operação muito antes que ela se tornasse tão eminentemente útil para o raciocínio totalitário. A coerção puramente negativa da lógica, a proibição das contradições passou a ser "produtiva", de modo que se podia criar toda uma linha de pensamento e forçá-la sobre a mente, pelo fato de se tirarem conclusões através da mera argumentação. Esse processo argumentativo não podia ser interrompido nem por uma nova ideia (que teria sido outra premissa com um diferente conjunto

---

88 Idem, ibidem. Grifos nossos.
89 Idem, p. 521.
90 Idem, ibidem.
91 Idem, ibidem.

de consequências) nem por uma nova experiência. *As ideologias pressupõem sempre que uma ideia é suficiente para explicar tudo no desenvolvimento da premissa, e que nenhuma experiência ensina coisa alguma porque tudo está compreendido nesse coerente processo de dedução lógica*[92].

Arendt alerta para a presença de elementos totalitários em todas as ideologias, os quais necessitariam de movimentos totalitários para sua manifestação; a vitória de uma ideologia sobre outra dependeria da relevância política de certos elementos da experiência nos quais a ideologia se apoiasse em determinado momento histórico. Assim, o racismo e o comunismo, ideologias do século XIX, tornaram-se dominantes na primeira metade do século XX porque "a luta entre as raças pelo domínio do mundo, e a luta entre as classes pelo poder político nos respectivos países [...] vieram a ser politicamente mais importantes que os das outras ideologias"[93]. No entanto, as grandes potencialidades das ideologias teriam sido reveladas com Hitler e Stálin[94], os quais valorizavam a *força da lógica*...

Esses novos ideólogos totalitários distinguiam-se dos seus predecessores por já não serem atraídos basicamente pela 'ideia' da ideologia – a luta de classes e a exploração dos trabalhadores, ou a luta de raças e a proteção dos povos germânicos – mas sim pelo processo lógico que dela pode ser deduzido[95].

Desse modo, a "ideia" da ideologia se dilui, prevalecendo apenas o frio e objetivo raciocínio da lógica – a luta de classes como lei da história, ou a luta de raças como lei da natureza[96]. A transformação das ideologias em armas por esses governantes totalitários era baseada num artifício *enganadoramente* simples e imperceptível: consistia em levar as implicações ideológicas aos extremos de coerência lógica. Assim, a "classe agonizante" era constituída de pessoas condenadas à morte; da mesma forma, as raças "indignas de viver" consistiam em pessoas que

---

92 Idem, p. 522. Grifos nossos.
93 Idem, ibidem.
94 Idem, p. 520.
95 Idem, p. 524.
96 Idem, p. 524-525.

iam ser exterminadas[97]. "Essa lógica persuasiva como guia da ação [salienta Arendt] impregna toda a estrutura dos movimentos e governos totalitários"[98].

A tirania da lógica é exercida por governos totalitários por meio da manifestação de alguns elementos de caráter totalitário, presentes em todo pensamento ideológico. As ideologias buscam explicitar "não o que é, mas o que vem a ser, o que nasce e passa"[99]. Orientadas em direção à história, pretendem explicar *todos* os acontecimentos históricos: "a explanação total do passado, o conhecimento total do presente e a previsão segura do futuro"[100]. Além disso, as ideologias têm um caráter "libertador": o pensamento ideológico descola-se da realidade histórica, e, graças à propaganda, "procura sempre injetar um significado secreto em cada evento público tangível e farejar intenções secretas atrás de cada ato político público"[101]. Também, graças à atuação de um suposto "sexto sentido", dado pela ideologia, é possível atingir uma realidade "mais verdadeira", escondida "por trás de todas as coisas perceptíveis, que as domina a partir desse esconderijo"[102]. O descolamento da realidade se dá na medida em que o pensamento ideológico, impotente para transformar a realidade, a *imita*, utilizando-se de certos métodos de demonstração – a dedução lógica ou dialética. Imita porque "o movimento do pensamento não emana da experiência, mas gera-se a si próprio"[103], e ainda porque "transforma em premissa axiomática o único ponto que é tomado e aceito da realidade verificada [...] Uma vez que tenha estabelecido a sua premissa, o seu ponto de partida, a experiência já não interfere com o pensamento ideológico, nem este pode aprender com a realidade"[104].

Foi assim preciso deter-se mais longamente na explicitação do conceito arendtiano de ideologia, pois é exatamente na implementação do processo lógico decorrente da "ideia"

97 Idem, p. 524.
98 Idem, ibidem.
99 Idem, p. 522.
100 Idem, p. 523.
101 Idem, ibidem.
102 Idem, ibidem.
103 Idem, ibidem.
104 Idem, p. 523-524.

da ideologia, pelo sistema totalitário, que reside a violência enormemente ampliada, exercida não de modo imediato no corpo das vítimas, porém movida de forma mais cruel e radical, a partir do interior do indivíduo, destruindo primeiramente as suas capacidades e potencialidades especificamente humanas para só então proceder à eliminação física e em massa.

Se o indivíduo é compelido a viver só, encolhido no espaço social definhado, sem o que não é possível exercer a dominação totalitária, forma-se, ao final do processo, uma comunidade de quase mortos, de vivos à beira da morte.

Parece não haver outra violência, exercida de modo tão vil, igual a esta – a de despojar o homem de sua humanidade, antes de matá-lo, e isto o sistema totalitário do século XX logrou realizar, ainda que por um tempo limitado, de forma eficiente e total.

Despojar o homem de suas características humanas significa não apenas exercer um controle contínuo sobre suas atividades, mas erradicar o pensamento, a mais nobre das atividades humanas e a expressão da mais alta forma de liberdade, substituindo-o pelo árido e frio e aprisionador raciocínio lógico.

Não é sem motivo que o personagem principal, Winston, do romance-ficção *1984*, de Orwell, sente-se já um "homem morto", ao inscrever estas sinistras e ousadas palavras em seu diário proibido:

> Ao futuro ou ao passado, a uma época em que o pensamento seja livre, em que os homens sejam diferentes uns dos outros e que não vivam sós – a uma época em que a verdade existir e o que foi feito não puder ser desfeito:
> Cumprimento da era da uniformidade, da era da solidão, da era do Grande Irmão, da era do duplipensar![105].

Com efeito, para o triunfo da tirania da lógica e, portanto, do regime totalitário, há a necessidade do isolamento do homem. Segundo Arendt, "o isolamento pode ser o começo do terror; certamente é o seu solo mais fértil e sempre decorre dele. Esse isolamento é, por assim dizer, pré-totalitário; sua característica é a impotência, na medida em que a força sempre surge quando

---

105 G. Orwell, *1984*, p. 30.

os homens trabalham em conjunto, 'agindo em concerto'[...]; os homens isolados são impotentes por definição"[106].

Arendt diferencia *isolamento* de *solidão*: enquanto o isolamento refere-se ao domínio político e leva à sua destruição, a solidão aplica-se à vida humana em todas as suas dimensões[107]. "O isolamento é aquele impasse no qual os homens se vêem quando a esfera política de suas vidas, onde agem em conjunto na realização de um interesse comum, é destruída"[108]. Mesmo isolado, o homem é capaz de realizar coisas. Quando, porém, deixa de fazê-lo, passando a viver no nível da existência puramente biológica, o isolamento se transforma em solidão. Nas próprias palavras de Arendt:

o isolamento, embora destrua o poder e a capacidade de agir, não apenas deixa intactas todas as chamadas atividades produtivas do homem, mas lhes é necessário [...] No isolamento, o homem permanece em contato com o mundo como obra humana; somente quando se destrói a forma mais elementar de criatividade humana, que é a capacidade de acrescentar algo de si mesmo ao mundo ao redor, o isolamento se torna inteiramente insuportável [...] O homem isolado que perdeu o seu lugar no terreno político da ação é também abandonado pelo mundo das coisas, quando já não é reconhecido como *homo faber*, mas tratado como *animal laborans* cujo necessário "metabolismo com a natureza" não é do interesse de ninguém. É aí que o isolamento se torna solidão[109].

A radicalização do isolamento é, portanto, o que Arendt denomina solidão. A solidão, no entanto, não é o mesmo que estar só, não é ausência de companhia, mas sentir-se realmente um, abandonado por todos os outros, inclusive por seu próprio eu. A solidão é, em poucas palavras, a perda do próprio eu.

O que torna a solidão tão insuportável é a perda do próprio eu, que pode realizar-se quando está a sós, mas cuja identidade só é

---

106 *Origens do Totalitarismo*, p. 526. A *impotência* é entendida como "incapacidade básica de agir" – agir politicamente – e, portanto, de gerar *poder*, no sentido arendtiano do termo.
107 Idem, p. 527.
108 Idem, ibidem.
109 Idem, ibidem. Essas considerações de Arendt servirão de substrato para toda uma rica discussão posterior, empreendida em *A Condição Humana*.

confirmada pela companhia confiante e fidedigna dos meus iguais. Nessa situação, o homem perde a confiança em si mesmo como parceiro dos próprios pensamentos, e perde aquela confiança elementar no mundo que é necessária para que se possam ter quaisquer experiências. O eu e o mundo, a capacidade de pensar e de sentir, perdem-se ao mesmo tempo[110].

A citação bíblica, retirada do "Gênesis", e adotada por Lutero, de que "não é bom que o homem esteja só", segundo Arendt, é absolutamente verdadeira porque este "estar só" pode se converter na perda do eu, na solidão. Paradoxalmente, o estar só, isto é, estar na companhia do meu próprio eu, distanciado dos eventos e objetos mundanos, é também condição necessária para o exercício do pensar, "a mais livre e a mais pura das atividades humanas"[111].

Para que a tirania da lógica se estabeleça e o governo totalitário se perpetue, é necessário, portanto, que o homem se desprenda do seu próprio eu, pois "a única capacidade do espírito humano que não precisa do eu nem dos outros nem do mundo para funcionar sem medo de errar, e que independe tanto da experiência como do pensamento, é a capacidade do raciocínio lógico, cuja premissa é aquilo que é evidente por si mesmo"[112].

Arendt sintetiza desta forma suas reflexões sobre a teoria do poder totalitário:

por um lado, a compulsão do terror total – que com o seu cinturão de ferro, comprime as massas de homens isolados umas contra as outras e lhes dá apoio num mundo que para elas se tornou um deserto – e, por outro, a força autocoercitiva da dedução lógica – que prepara cada indivíduo em seu isolamento solitário contra todos os outros – correspondem uma à outra e precisam uma da outra para acionar o movimento dominado pelo terror e conservá-lo em atividade. Do mesmo modo como o terror, mesmo em sua forma pré-total e meramente tirânica, arruína todas as relações entre os homens, também a autocompulsão do pensamento ideológico destrói toda a relação com a realidade. O preparo triunfa quando as pessoas perdem o contato com os seus semelhantes e com a realidade que as rodeia; pois, juntamente com esses contatos, os homens perdem a capacidade de sentir e de pensar. O súdito

---

110 Idem, p. 529.
111 Idem, p. 526
112 Idem, p. 529.

ideal do governo totalitário não é o nazista convicto nem o comunista convicto, mas aquele para quem já não existe a diferença entre o fato e a ficção (isto é, a realidade da experiência) e a diferença entre o verdadeiro e o falso (isto é, os critérios do pensamento)[113].

A despeito do perigo que possam representar, para um futuro não longínquo, as práticas do que Arendt denominou de "mal radical", instauradas pelo domínio totalitário no século XX, ou seja, da absoluta incerteza, que paira no ar, de que "isto nunca mais tornará a acontecer"[114], vislumbra-se, nos parágrafos finais de *Origens do Totalitarismo*, um certo sentimento de confiança e amor à humanidade, em virtude, sobretudo, da capacidade que o homem tem de instaurar *o novo*, de *começar algo novo*. Consoladoramente, também, Arendt afirma que "o domínio totalitário, como a tirania, traz em si o germe da sua própria destruição"[115], ao que, movidos por uma certa inquietação e angústia, ousamos lançar a impertinente pergunta: *e se assim não for?*!

No início dos anos 1960, Arendt reformula a sua concepção de "mal radical", "mal absoluto", quando se dedica ao acompanhamento do processo de julgamento de Otto Adolf Eichmann, oficial nazista responsabilizado pela morte de milhares de judeus[116].

Segundo Arendt, uma penosa dificuldade que os juízes do caso experimentaram ao julgá-lo, foi a tarefa de compreender a personalidade do acusado, mesmo não levando em conta as descrições tendenciosas da Promotoria de que se tratava de um "monstro" ou um "sadista pervertido". Naturalmente, afirma Arendt, teria sido "muito reconfortante" pensar desse modo[117]. E diagnostica: a "normalidade" de Eichmann era a sua maldade. Em suas próprias palavras:

---

113 Idem, p. 526.
114 Segundo Arendt, "a crise do nosso tempo e a sua principal experiência deram origem a uma forma inteiramente nova de governo que, como potencialidade e como risco sempre presente, tende infelizmente a ficar conosco de agora em diante", idem, p. 531.
115 Idem, p. 530.
116 Eichmann fora incriminado por quinze itens, entre os quais, o de ter perpetrado "crimes contra o povo judeu, crimes contra a humanidade e crimes de guerra, durante todo o período do Regime Nazista e, especialmente, durante o período da II Guerra Mundial", *Eichmann em Jerusalém: Um Relato sobre a Banalidade do Mal*, p. 37.
117 Idem, p. 285.

o problema com Eichmann é que havia muitos igual a ele e que, a maioria não era nem pervertida nem sádica, *eram e ainda são terrível e aterradoramente normais*. Do ponto de vista das nossas instituições legais e dos nossos princípios morais de julgamento, essa normalidade era muito mais aterradora do que todas as atrocidades juntas, pois implicava – conforme fora dito em Nuremberg, repetidas vezes, pelas defesas e conselheiros – que este novo tipo de criminoso, que na realidade é *hostis generis humani*, comete seus crimes sob circunstâncias tais, que se torna quase impossível, para ele, saber ou sentir que está agindo mal[118].

Ora, um álibi a favor de Eichmann, certamente, era que ele não tinha plena consciência de estar agindo mal, nesse sentido, ele não poderia ser incriminado:

entre os maiores objetivos em jogo, no julgamento de Eichmann, estava a aceitação geral, em todos os sistemas legais, de que é necessário haver a intenção de fazer o mal, para a perpetração de um crime. Nada, talvez, tenha feito a jurisprudência civilizada orgulhar-se mais do que essa consideração ao fator subjetivo. Onde essas finalidades estão ausentes e, onde, por quaisquer razões, até mesmo de insanidade moral, a habilidade de distinguir entre o certo e o errado estiver enfraquecida, sentimos que crime algum foi cometido[119].

No entender de Arendt, Eichmann não poderia ter sido condenado, se se quisesse verdadeiramente aplicar a justiça. O processo Eichmann, a seu ver, tal como fora conduzido, desde as circunstâncias obscuras nas quais o acusado fora capturado, num subúrbio de Buenos Aires, em maio de 1960 e levado a julgamento alguns dias depois em Jerusalém, perante a Corte Distrital[120], até a apresentação da sentença de morte por enforcamento, em 31 de maio de 1962, parecia estar associado a algo como *retaliação*[121].

Adolf Eichmann fora um perito na questão judaica, que em absoluto sentia-se culpado por suas ações[122], a não ser, talvez,

---

118 Idem, ibidem. Grifos nossos.
119 Idem, p. 286.
120 Idem, p. 37.
121 Idem, p. 286-287.
122 Afirma Arendt: "Os nazistas e a Lei dos Colaboradores Nazistas (Punição) de 1950, sob a qual ele foi julgado, estipula que 'uma pessoa que tenha cometido uma dessas... ofensas... está sujeito à pena de morte'. A cada item Eichmann alegava: 'Não culpado na forma da acusação'", idem, p. 37.

perante Deus[123]. Ele não se considerava um assassino – não teria matado um só ser humano[124]; Eichmann era, isto sim, um eficiente e abnegado cumpridor das ordens do Führer[125], que, em momento algum, deu mostras de arrependimento do que fizera[126].

Durante o julgamento, Eichmann tentou esclarecer, quase sem êxito, este segundo ponto de sua defesa de "não ser culpado daquilo que o acusavam". A acusação indicava que ele não somente agira de caso pensado, o que ele não negava, porém, ainda, sem motivos básicos e em plena consciência da natureza criminosa de seus atos. Quanto aos motivos básicos, ele estava certo de que, lá no fundo, não era o que se costumava denominar [...] um bastardo sujo. Quanto à sua consciência, ele se lembrava, perfeitamente bem de que só teria tido má consciência se não tivesse feito o que lhe ordenavam – embarcar milhões de homens, mulheres e crianças para a morte, com grande zelo e cuidado meticuloso. Isso era difícil de se admitir[127].

Considerado "normal" por psiquiatras[128] e, devido a algumas mentiras, tido como "mentiroso" pelos juízes[129], Eichmann parece ter sido um bom burocrata e um eficiente administrador: "ele sabia organizar e sabia negociar"[130]. E, vaidoso, costumava vangloriar-se de seus feitos[131].

Em virtude, talvez, de uma afasia, que adquirira ainda na infância, Eichmann gostava, no entanto, de se expressar com frases feitas, clichês, ou por meio daquilo que chamava de "linguagem oficial"[132]. Com efeito,

---

123 O advogado de defesa do caso, Dr. Servatius, teria declarado à imprensa que "Eichmann sentia-se culpado diante de Deus, não diante da lei", afirmação esta que não teria sido confirmada pelo próprio réu, segundo Arendt, idem, ibidem.
124 Idem, p. 38.
125 "As ordens de Hitler [...] possuíram 'força de lei', no Terceiro *Reich*", idem, p. 40.
126 Idem, p. 41.
127 Idem, ibidem.
128 Idem, p. 42.
129 "E os juízes não acreditaram nele [em Eichmann], porque eram bons demais e, talvez, também, cônscios demais dos verdadeiros princípios de sua profissão, para admitir que em média, uma pessoa 'normal', nem fraca da memória, nem doutrinada, nem cínica, poderia ser perfeitamente incapaz de discernir o certo do errado", idem, ibidem.
130 Idem, p. 60.
131 Idem, p. 62.
132 Idem, p. 64.

apesar de sua fraca memória, repetia palavra por palavra, o mesmo fraseado e as expressões por ele inventadas (quando conseguia formar uma frase que exercia algum efeito, ele a repetia até que se transformasse em frase feita) e as usava cada vez que se referia a um incidente ou acontecimento de importância para si. Quer escrevendo suas memórias na Argentina, ou em Jerusalém, quer falando ao investigador de polícia ou à Corte, ele sempre dizia as mesmas coisas, expressas nas mesmas palavras. Quanto mais se o ouvia, mais claro se tornava que sua inabilidade de falar estava intimamente relacionada com a sua inabilidade de *pensar*, especialmente de *pensar* em relação ao ponto de vista de outras pessoas. Não havia qualquer possibilidade de comunicação com Eichmann, não porque mentisse, mas porque estava "fechado" às palavras e à presença de terceiros e, portanto, à realidade como tal[133].

Eichmann, pondera Arendt, difere do criminoso comum, que se refugia entre os membros de seu grupo como forma de proteção da realidade de um mundo não criminoso. Ele buscaria proteção no autoengano e na falsidade. Nas palavras de Arendt:

Eichmann somente precisava lembrar-se do passado, para ter a certeza de não estar mentindo e nem se decepcionar, pois ele e o mundo no qual vivia, tinham estado, em outros tempos, em perfeita harmonia. E que a sociedade alemã, de oitenta milhões de pessoas, fora protegida contra a realidade e a evidência, exatamente pelos mesmos meios e pelas mesmas autoenganações, mentiras e tolices que estavam arraigadas na mentalidade de Eichmann. Essas mentiras mudavam de ano para ano e, frequentemente, contradiziam-se; além disso, elas não eram necessariamente as mesmas para os diversos setores da hierarquia do Partido ou do povo em geral. Porém, a prática da autoenganação tornara-se tão comum que era quase um pré-requisito moral para a sobrevivência e, mesmo agora, dezoito anos depois do colapso do Regime Nazista, quando grande parte do conteúdo específico de suas mentiras tinha sido esquecida, às vezes, é difícil não acreditar que a falsidade se tornara parte integrante do caráter nacional alemão. Durante a guerra, a mentira mais eficaz para a totalidade do povo alemão era o *slogan* "a luta do destino do povo alemão" [...], forjado por Hitler ou por Goebbels, que tornaram a autoenganação mais praticável em três aspectos: em primeiro lugar, sugeria que a guerra não era guerra; em segundo, que fora

---

133 Idem, p. 64-65.

iniciada pelo destino e não pela Alemanha; e, em terceiro, que era um caso de vida ou morte para os alemães, que deveriam aniquilar seus inimigos ou seriam aniquilados por eles[134].

As frases feitas, aliadas à memória incerta do que realmente acontecera[135], teriam causado "dificuldades" durante o processo de seu julgamento.

Esses hábitos de Eichmann criaram consideráveis dificuldades durante o julgamento – menos para ele próprio do que para aqueles que tinham vindo para persegui-lo ou defendê-lo, julgá-lo ou fazer reportagens a seu respeito. Entretanto, era essencial que o levassem a sério, e isso era muito difícil, a menos que se procurasse sair pelo caminho mais fácil do dilema entre o horror indescritível dos seus atos, e a inegável comicidade do homem que os perpetrou, e declará-lo um mentiroso astuto e calculista – o que ele obviamente não era[136].

Eichmann, conclui Arendt, não era de modo algum apenas um mentiroso ardiloso, nem muito menos um monstro; teria sido mais apropriado associá-lo à figura de um palhaço, o que ele também realmente não era, tendo em vista o enorme sofrimento causado por seus atos[137]. Eichmann era alguém incapaz de pensar – incapacidade esta manifestada na inconsistência de suas respostas, dadas durante o julgamento, formadas a partir de uma rara combinação de frases feitas, orgulho e lapsos de memória.

Essa inabilidade de pensar o teria acompanhado até os últimos momentos de sua vida, como o atesta a descrição arendtiana:

Adolf Eichmann subiu à forca com grande dignidade. Pedira uma garrafa de vinho tinto e tomara metade dela. Recusou o auxílio do ministro protestante, o Reverendo William Hull, que se ofereceu para ler a Bíblia com ele: ele só tinha duas horas de vida e, por isso, não tinha "tempo a perder". Caminhou as cinco jardas de sua cela até a câmara de execução calmo e ereto, com as mãos amarradas para trás. Quando os guardas amarraram seus tornozelos

---

134 Idem, p. 67-68.
135 "Eichmann recordava-se bem dos pontos estratégicos de sua carreira[,] mas [...] eles não coincidiam, necessariamente, com os pontos estratégicos da estória do extermínio judaico ou, como consequência, da própria história", idem, p. 68-69.
136 Idem, p. 69.
137 Idem, p. 70.

e joelhos, ele pediu que soltassem as amarras para poder ficar ereto. Ele estava em completo domínio de si mesmo; não, até mais: ele era totalmente ele mesmo. Nada poderia ter demonstrado isso mais convincentemente do que a grotesca tolice de suas últimas palavras. Ele começou afirmando, enfaticamente, que era um *Gottgläubiger*[138], para em seguida expressar, à moda comum nazista, que ele não era cristão e não acreditava na vida após a morte. Então prosseguiu: "Dentro de pouco tempo, cavalheiros, *todos vamos nos encontrar outra vez*. Esse é o destino de todos os homens. Viva a Alemanha, viva a Argentina, viva a Áustria. *'Eu não as esquecerei*". Diante da morte ele ainda encontrou o clichê usado nos discursos funerários. Debaixo da forca, sua memória pregou-lhe a última peça; ele fora "eleito" e se esquecera de que se tratava do seu próprio funeral.

Era como se naqueles últimos minutos, ele estivesse resumindo a lição que este longo percurso através da maldade humana nos ensinou – a lição da temerosa banalidade do mal, que desafia palavra e pensamento[139].

Arendt teria visto, portanto, em Eichmann, um criminoso banal; a sua característica ausência ou vazio de pensamento o teria levado a praticar as atrocidades que cometera. Eichmann teria lhe mostrado que o extermínio é mais importante do que qualquer ideologia, fazendo com que Arendt reavaliasse o papel das ideologias e seu impacto[140].

A expressão "banalidade do mal", em contraste com a ideia de um "mal radical"[141], teria sido o foco principal de uma ampla polêmica acerca de *Eichmann em Jerusalém*..., que não se restringiria apenas à comunidade judaica. Segundo Young-Bruehl, ao rejeitar o conceito anterior – mal radical, mal absoluto – para a "natureza incompreensível dos nazistas", Arendt "libertou-se de um longo pesadelo; ela não tinha mais que viver com a ideia de que monstros e demônios haviam engendrado o assassinato de milhões. A banalidade do mal, disse na última sentença de seu livro, é 'assustadora e desafiadora-de-palavra-e-pensamento'.

---

138 Crente, credor de Deus, termo nazista para aqueles que romperam com o Cristianismo.
139 *Eichmann em Jerusalém*..., p. 261-262.
140 O papel das ideologias teria sido supervalorizado em *Origens do Totalitarismo*, no capítulo "Ideologia e Terror". Cf. Carta de Hannah Arendt a Mary McCarthy, 20 de setembro de 1963, *Entre Amigas*..., p. 154.
141 Idem, ibidem.

Mas sua existência não é prova de um elemento original de mal na natureza humana e, portanto, não implica uma condenação da humanidade"[142].

Arendt concluirá agora que o mal será banal quando os seus motivos forem supérfluos. Em "Pensamento e Considerações Morais", conferência pronunciada em outubro de 1970, em Nova York, e que serviria de base para o último livro de Arendt, inacabado, *A Vida do Espírito*, a questão do mal é retomada com grande clareza. Pela sua importância, nos permitimos reproduzir, aqui, a sua introdução, em que Arendt estabelece os possíveis vínculos entre a incapacidade de pensar e a propensão de se fazer o mal. Assim:

> Falar sobre o pensamento parece-me tamanha presunção que me sinto obrigada a justificar-me. Há alguns anos, em um relato sobre o julgamento de Eichmann em Jerusalém, mencionei a "banalidade do mal". Não quis, com a expressão, referir-me a teoria ou doutrina de qualquer espécie, mas antes a algo bastante factual, o fenômeno dos atos maus, cometidos em proporções gigantescas – atos cuja raiz não iremos encontrar em uma especial maldade, patologia ou convicção ideológica do agente; sua personalidade destacava-se unicamente por uma extraordinária superficialidade. Por mais monstruosos que fossem os atos, o agente não era nem monstruoso nem demoníaco; a única característica específica que se podia detectar em seu passado, bem como em seu comportamento durante o julgamento e o inquérito policial que o precedeu, afigurava-se como algo totalmente negativo: não se tratava de estupidez, mas de uma curiosa e bastante autêntica incapacidade de pensar. Funcionava no papel de notório criminoso de guerra tão bem quanto funcionara sob o regime nazista; não tinha a menor dificuldade em aceitar um conjunto de regras inteiramente diferente. Sabia que aquilo que um dia considerara seu dever agora se chamava crime, e aceitava esse novo código de julgamento como se não passasse de uma nova regra de linguagem. Acrescentara algumas frases feitas a seu estoque já bem limitado, e bastava defrontar-se com situações em que nenhuma dessas frases se aplicava, para que ficasse totalmente desorientado; foi o que ocorreu no momento grotesco em que, tendo de fazer um discurso ao pé da forca, viu-se forçado a lançar mão de clichês da oratória fúnebre, inadequados em seu caso, já que não fora ele o sobrevivente. Refletir sobre quais deveriam ser suas últimas palavras em caso de uma sentença de morte, pela qual ele

---

142 E. Young-Bruehl, op. cit., p. 326.

esperara o tempo todo, eis um elemento simples que não lhe ocorrera – do mesmo modo como não o haviam perturbado as inconsistências e flagrantes contradições no interrogatório durante o julgamento. Os clichês, as frases feitas, a adesão a códigos convencionais e padronizados de expressão e conduta têm a reconhecida função social de nos proteger da realidade, isto é, da exigência de nossa atenção pensante que todos os acontecimentos e fatos despertam, em virtude de sua mera existência. Se atendêssemos a essa exigência o tempo todo, logo estaríamos exaustos; a diferença, no caso de Eichmann, é que era evidente que ele desconhecia por completo esse tipo de exigência[143].

E completa Arendt:

> Essa ausência absoluta de pensamento atraiu-me o interesse. Será que fazer o mal, e não somente os males da omissão, mas também os males da ação, é possível na ausência não só de "motivos torpes" (conforme a lei os designa), mas de absolutamente qualquer motivo, qualquer estímulo especial ao interesse ou à vontade? Será que a maldade, como quer que definamos esse "*estar determinado a ser um vilão*", não é uma condição necessária para se fazer o mal? Será que a nossa capacidade de julgar, de distinguir o certo do errado, o belo do feio, depende de nossa faculdade de pensar? Serão coincidentes a incapacidade de pensar e um fracasso desastroso daquilo a que normalmente chamamos consciência moral? A questão que se impunha era a seguinte: será que a natureza da atividade de pensar – o hábito de examinar, refletir sobre tudo aquilo que vem a acontecer, independente de qualquer conteúdo específico e de resultados – poderia ser tal que "condiciona" os homens a não fazer o mal? (A própria palavra *cons-ciência*, em todo caso, aponta nesta direção, já que significa "saber comigo e por mim mesmo", um tipo de conhecimento que é realizado em todo processo de pensamento.) Finalmente, não estará a premência dessas questões reforçada pelo fato notório e deveras alarmante de que somente as pessoas boas chegam a perturbar-se por uma má-consciência, ao passo que, entre verdadeiros criminosos, é rara tal perturbação? A boa consciência não existe a não ser como ausência de uma má-consciência.
>
> Eram essas as questões. Em outras palavras, e valendo-me da linguagem kantiana, depois de ser atingida por um fenômeno – a *quaestio facti* – que, querendo ou não, "pôs-me de posse de um conceito" (a banalidade do mal), não me era possível deixar de levantar

---

143 *A Dignidade da Política*, p. 145-146. É desse quadro que surgirá, no pensamento arendtiano, um equacionamento filosófico para o problema do mal.

a *quaestio juris*, indagando-me: "com que direito eu o possuía e o utilizava"[144].

Young-Bruehl retoma a trajetória do conceito de mal em Arendt expressando-se desta forma:

três características do mal radical haviam surgido nas discussões de Hannah Arendt em *As Origens do Totalitarismo, A Condição Humana* e *Sobre a Revolução*. Ele é não punível no sentido de que nenhuma punição pode ser adequada ou mensurada; é não perdoável; e se enraíza em motivos tão baixos a ponto de estarem além da compreensão humana. A última característica era aquela que o julgamento de Eichmann colocou em questão. Para grupos, para classes, para o aparato inteiro da destruição totalitária e, finalmente, para os assassinos totalitários cujo desejo de provar a afirmação de que "tudo é permitido, tudo é possível" recaía até mesmo sobre eles próprios, Hannah Arendt havia atribuído certa vez o termo "supérfluos". Em *Eichmann em Jerusalém,* atribuiu superfluidade aos motivos: quando os motivos tornam-se supérfluos, o mal é banal[145].

Segundo Young-Bruehl, Arendt teria acreditado, nesse segundo momento, que o mal nunca é radical, e sim, o bem. Em correspondência enviada a um amigo, Gershom Scholem, admitiria que até a perversidade de um homem não pode ser radical, mas, sim, associada a uma "falta incompreensível e original"[146].

---

144 Idem, p. 146. Mais adiante, nesse mesmo texto, Arendt apresentará suas proposições, em número de três, com vistas a reformular a intrincada questão da relação entre nossa incapacidade de pensar e o problema do mal: "em primeiro lugar, se de fato existe tal conexão, então a faculdade de pensar, distinta da sede de conhecimento, deve ser atribuída a todos; não pode ser privilégio de poucos.

Segundo, se Kant está certo e a faculdade de pensar tem uma 'aversão natural' a aceitar os próprios resultados como 'axiomas sólidos', então não podemos esperar da atividade de pensar nenhuma proposição ou mandamento moral, nenhum código final de conduta e muito menos uma nova, e agora supostamente final, definição do que é bom e do que é mal.

Terceiro, se é verdade que o pensar lida com invisíveis, segue-se que ele está fora de ordem, porque normalmente nos movemos em um mundo de aparências, no qual a experiência mais radical de *des*aparecimento é a morte", idem, p. 151.

O aprofundamento a esse importante tema ultrapassa a dimensão de nosso estudo. Lembremo-nos, contudo, de que a própria Arendt não finalizaria suas investigações antes de sua morte em 1975: a terceira parte de *A Vida do Espírito*, com o título de "O Julgar", mal tinha sido iniciada.
145 E. Young-Bruehl, op. cit., p. 327.
146 Idem, ibidem.

Com efeito, minha opinião é de que o mal nunca é "radical", é apenas extremo e não possui profundidade nem qualquer dimensão demoníaca. Ele pode cobrir e deteriorar o mundo inteiro precisamente porque se espalha como um fungo na superfície. Ele é "desafiador-do-pensamento", como eu disse, porque o pensamento tenta alcançar alguma profundidade, chegar às raízes, e o momento em que se ocupa do mal é frustrado porque não há nada. Essa é sua "banalidade". Apenas o bem tem profundidade e pode ser radical[147].

Karl Jaspers teria feito restrições a esse novo posicionamento arendtiano acerca do mal; em carta dirigida a Arendt, datada de 13 de dezembro de 1963, Jaspers assim se expressava: "Eu penso: a noção [a banalidade do mal] é iluminadora e como título de livro é impressionante. Ela significa: o mal *deste* homem é banal, não o mal é banal"[148].

Em outras palavras, Arendt teria reconstruído toda uma teoria acerca do mal a partir de uma base restrita, talvez insuficiente.

A questão do mal em Arendt restaria, desse modo, inconclusa. Afirma Young-Bruehl:

Infelizmente não existe nenhum registro da argumentação de Arendt sobre esta questão. Ela não abandonou sua afirmação de que o mal nunca é radical, mas só proporcionou em seus escritos novas ilustrações da banalidade, não um argumento abrangente [...] Não obstante, Arendt continuou a generalizar a partir da posição que adotara e deixou claro em muitas afirmações públicas o que isso significava: "Existe uma teoria amplamente difundida, para a qual também contribuí [em *As Origens do Totalitarismo*], de que esses crimes desafiam a possibilidade do julgamento humano e explodem a moldura de nossas instituições legais". Foi essa a teoria que ela superou[149].

Contudo, um crime de proporções incomensuráveis fora perpetrado pelos governos totalitários do século xx. Como se posicionar diante dele? Esquecer o que houvera acontecido?

---

147 Idem, ibidem. Young-Bruehl interpreta assim esta passagem: "o que [Arendt] afirmava era que o pensar pode condicionar uma pessoa contra fazer o mal porque a capacidade de julgar bem e mal é um subproduto da atividade pensante", idem, p. 328.
148 Trecho da Carta de Jaspers a Arendt, citado por E. Young-Bruehl, op. cit., p. 328.
149 Idem, ibidem.

Seguir as recomendações de Nietzsche – "Esquece, Homem! Esquece, Homem!/ Divina é a arte do esquecer!"[150]?

Segundo Habermas, isto não é possível, pois o terror permanece em forma de "não-poder-esquecer". Em suas palavras:

a história não flui mais sem coerção. Uma barricada erguida com as migalhas moralmente mal digeridas daquele período [1933-1945] parece estancar o fluxo do tempo, parece não libertar a história da Alemanha Ocidental para o embate rítmico das vagas de recordações empalidecidas. O esquecimento ainda está sob a coerção do não poder-esquecer; chamamos isso de recalque. É como se aqueles doze anos se dilatassem sob a pressão de atualizações sempre renovadas, ao invés de se contraírem em retrospectos cada vez mais distantes [...] O domínio de um passado, retornando na forma de pesadelo sobre um presente não redimido, só poderia ser rompido pela força analítica de uma recordação que não compra a presentificação histórica permitida pelo acontecido com sua neutralização moral[151].

Essa recordação sem culpa implica, sugere Habermas, um *reconhecimento de responsabilidade* por toda a sociedade, tal como preconizava a Rosa Branca – grupo da resistência antinazista, da Alemanha, que buscava conscientizar os alemães a respeito de sua omissão culposa ante as ações do Terceiro Reich. Com efeito, o reconhecimento, pelo povo alemão, de sua cumplicidade com Hitler seria a condição imprescindível para terminar com – ou, ao menos minimizar – as agruras do passado histórico recente da Alemanha, presentes na sua memória individual e coletiva. Se a discussão sobre o horror nazista se intensificou, a partir dos anos de 1980, é porque ele, *de algum modo*, continua ainda presente, não desapareceu, como prognosticou corretamente Hannah Arendt[152].

---

150 "Joga teu pesar no abismo!/ Esquece, Homem! Esquece, Homem!/ Divina é a arte do esquecer!/ Queres voar,/ Queres habitar as alturas:/ joga o que mais te pesa no mar!/ Aí está o mar, joga-te no mar!/ Divina é a arte do esquecer!". F. Nietzsche, Ditirambos de Dioniso (Fragmento 67), 1882-1888, *Folha de S. Paulo*, Folhetim 554, 18.09.1987, p. 12.

151 J. Habermas, Nenhuma Normalização do Passado, *Folha de S. Paulo*, Folhetim 554, 18.09.1987, p. 6.

152 "As soluções totalitárias podem muito bem sobreviver à queda dos regimes totalitários sob a forma de forte tentação que surgirá sempre que pareça impossível aliviar a miséria política, social ou econômica de um modo digno do homem". H. Arendt, *Origens do Totalitarismo*, p. 511.

A consciência moral, exigida do povo alemão à época, não era absolutamente algo inatingível ou impossível de ser posta em prática, na luta contra a iniquidade reinante. Os membros da Rosa Branca, detentores dessa consciência, não eram, não obstante, pessoas que desfrutassem de prestígio social, formação cultural excepcional, ou grande riqueza; muito menos eram membros da comunidade judaica. Habermas assim os descreve:

> Estes estudantes e o professor não pertenciam às vítimas definidas pelo adversário. Eles não descendiam de famílias judias, seus pais não eram comunistas ou social-democratas, ciganos ou exegetas da Bíblia. Não ocupavam posições militar, estatal ou na indústria, onde dispusessem de autoridade e tivessem que se responsabilizar por decisões de grande alcance. Não tinham nenhuma ligação a partidos que pudessem apoiar organizatoriamente na clandestinidade. Não tiveram acesso nem em família nem na universidade a outras fontes culturais além daquelas a partir das quais o Estado e burguesia, desde sempre, tanto antes como hoje, criaram seus ideais: era o idealismo alemão de Kant, Schiller e Fichte sobre o pano de fundo de um humanismo cristão ocidental. Sua resistência era, portanto, apolítica, no sentido inofensivo de que eles não eram privilegiados nem por posição nem por influência, nem por tradição ou linhagem, de que eles não estavam predestinados a se comportar diferentemente de outros que se adaptavam a uma normalidade de dois fundos. Inteiramente político, ao contrário, era aquilo que, fundado unicamente no escrúpulo moral, aconselhavam seus concidadãos. Pediam tão só que não se fechassem os olhos ao tratamento dispensado aos judeus, aos russos, aos trabalhadores estrangeiros, bem como à derrota que vinha se aproximando depois de Stalingrado. Exigiam tão só aquelas sabotagens imperceptíveis que começam com a subtração da solidariedade e se consolidam no não coparticipar cotidiano. O risco que estes estudantes e seu próprio professor corriam não era absolutamente razoável; mas aquele tipo de renitência, a que conclamavam em seus panfletos, estava ligado a riscos calculáveis e, com isso, razoáveis[153].

Se realmente podemos decidir por nós mesmos ser bons ou maus, e isto independente de nossa condição ou situação[154],

---

153 Nenhuma Normalização do Passado, op. cit., p. 6-7.
154 Em sua introdução a *Auschwitz*, de Bernd Naumann, afirma Arendt: "em Auschwitz todos podiam decidir por si mesmos serem bons ou maus... E essa decisão não dependia, de nenhuma maneira, de ser um judeu ou um polonês

então teria sido preciso – ao povo alemão[155] e ao europeu em geral – mais audácia e coragem em exercitar essa consciência moral, esse *esprit révolutionnaire,* tão bem aplicados pela Rosa Branca, para diminuir as dimensões do *terror* – daquilo que Arendt uma vez denominou o "mal absoluto" – e, desse modo, tornar menos sinistra a lembrança do passado.

---

ou um alemão; nem mesmo dependeu de ser um membro da ss"; citado aqui a partir de E. Young-Bruehl, op. cit., p. 326.
155 Afirma, Arendt, sobre este assunto: "é justamente como a lei, nos países civilizados, admite que a voz da consciência diga para todos 'Não Matarás', ainda que os desejos e inclinações naturais do homem possam, às vezes, ser assassinos, a lei no país de Hitler exigia que a voz da consciência dissesse para todos: 'Matarás', apesar dos organizadores dos massacres saberem, muito bem, que assassinar é contra os desejos e inclinações normais da maioria das pessoas. O mal, no Terceiro *Reich*, perdera sua maior qualidade, pela qual a maioria o reconhece – o aspecto da tentação.
   Muitos alemães e muitos nazistas, provavelmente uma predominante maioria, deve ter sido tentada a *não* matar, *não* assassinar, *não* deixar seus vizinhos partirem para sua ruína (pois eles sabiam que os judeus estavam sendo transportados para a morte, naturalmente, ainda que muitos deles não tivessem conhecimento dos horrendos pormenores), e nem se tornarem cúmplices de todos esses crimes, em benefício próprio. Porém Deus sabe como eles aprenderam a resistir a essa tentação", *Eichmann em Jerusalém...*, p. 162.
   A máxima "Não Matarás" teria se tornado "o mandamento fundamental a governar o pensamento legal e moral do Ocidente desde a vitória do cristianismo sobre a antiguidade", *Homens em Tempos Sombrios*, p. 34.

A Violência Relacionada à "Ausência de um Lugar no Mundo"

> Vi ainda todas as opressões que se fazem debaixo do sol: eis as lágrimas dos que foram oprimidos sem que ninguém os consolasse; vi a violência na mão dos opressores, sem que ninguém os consolasse.
>
> *Eclesiastes* 4, 1

O terror totalitário, materializado nos campos de concentração e de extermínio – instalados na Europa na primeira metade do século XX –, teria instaurado uma forma superior, mais radical de violência, não apenas devido à fabricação de cadáveres em massa, mas sobretudo por ter operado a criação de cadáveres vivos, de homens absolutamente supérfluos, porque despojados de sua própria individualidade.

O domínio que o totalitarismo procura exercer é aquele em que os homens se tornem *supérfluos*: "o poder total só pode ser conseguido e conservado num mundo de reflexos condicionados, de marionetes sem o mais leve traço de espontaneidade. Exatamente porque os recursos do homem são tão grandes, só se pode dominá-lo inteiramente quando ele se torna um exemplar da espécie animal humana"[1].

A aniquilação da individualidade é necessária à consolidação do poder totalitário para eliminar exatamente aqueles aspectos de imprevisibilidade e criatividade inerentes à ação humana, tão perigosos ao sistema. Assim,

---

1 *Origens do Totalitarismo*, p. 508.

a individualidade, ou qualquer outra coisa que distinga um homem do outro, é intolerável. Enquanto todos os homens não se tornam igualmente supérfluos – e isso só se consegue nos campos de concentração –, o ideal do domínio totalitário não é atingido. Os Estados totalitários procuram constantemente, embora nunca com pleno sucesso, demonstrar a superfluidade do homem – pela arbitrária escolha de vários grupos para os campos de concentração, pelos constantes expurgos do aparelho do governo, pelas liquidações em massa [...] O aparelho [de terror totalitário] parece supérfluo unicamente porque serve para tornar os homens supérfluos[2].

Para realizar com êxito a tarefa de fabricação de cadáveres vivos, e assim estabelecer a superfluidade, o sistema totalitário necessita intervir na própria condição humana, eliminando qualquer vestígio de respeito à sua dignidade, respeito que garante ao homem o reconhecimento, por parte de seus pares, como um ser construtor do mundo. Essa tentativa de destruição é feita sempre em nome da ideologia adotada, e de sua lógica inerente[3]; requer que os homens estejam não apenas isolados entre si, mas em completa solidão.

Com efeito, para que o terror possa triunfar, é preciso provocar a solidão. Afirma, Arendt:

o isolamento e a impotência, isto é, a incapacidade básica de agir, sempre foram típicos das tiranias. Os contatos políticos entre os homens são cortados no governo tirânico, e as capacidades humanas de ação e poder são frustradas. Mas nem todos os contatos entre os homens são interrompidos, e nem todas as capacidades humanas são destruídas. Toda a esfera da vida privada, juntamente com a capacidade de sentir, de inventar e de pensar permanece intacta. Sabemos que o cinturão de ferro do terror total elimina o espaço para essa vida privada, e que a autocoerção da lógica totalitária

---

2 Idem, ibidem.
3 Idem, p. 509. Por essa razão, visionariamente, Arendt decreta o fim de mais uma etapa histórica da humanidade. Afirma, ela: "com essas novas estruturas, constituídas à força do supersentido [ideológico] e impulsionadas pelo motor da lógica, chegamos realmente ao fim da era burguesa dos lucros e do poder, assim como ao fim do imperialismo e da expansão. A agressividade do totalitarismo não advém do desejo do poder e, se tenta expandir-se febrilmente, não é por amor à expansão e ao lucro, mas apenas por motivos ideológicos: para tornar o mundo coerente, para provar que o seu supersentido estava certo", idem, ibidem.

destrói a capacidade humana de sentir e pensar tão seguramente como destrói a capacidade de agir[4].

O homem isolado em um regime tirânico insere-se no mundo por meio de seu ato de fabricação: o isolamento permite que o homem realize coisas, sendo até a sua precondição. Nas próprias palavras de Arendt: "o homem, como *homo faber*, tende a isolar-se com o seu trabalho, isto é, a deixar temporariamente o terreno da política. A fabricação (*poiesis*, o ato de fazer coisas), que se distingue, por um lado, da ação (*praxis*) e, por outro, do mero trabalho, sempre é levada a efeito quando o homem, de certa forma, se isola dos interesses comuns, não importa que o seu resultado seja um objeto de artesanato ou de arte"[5]. No isolamento, a vida privada é preservada; portanto, uma dimensão da vida individual mantém-se intacta; o que se perde é o *mundo comum*, o espaço que se estabelece entre os homens, necessário para realizar a ação política. O isolamento provoca aquilo que Arendt denominou desarraigamento, ou, desenraizamento [*social rootlessness*], o não ter raízes – a destruição da esfera dos negócios públicos da política.

O totalitarismo, como as tiranias, visa destruir a esfera pública da vida humana; diferente delas, no entanto, destrói também a vida privada – nisto reside o seu ineditismo.

O governo totalitário, como todas as tiranias, certamente não poderia existir sem destruir a esfera da vida pública, isto é, sem destruir, através do isolamento dos homens, as suas capacidades políticas. Mas *o domínio totalitário* como forma de governo é novo no sentido de que não se contenta com esse isolamento, e destrói também a vida privada. *Baseia-se na solidão, na experiência de não se pertencer ao mundo, que é uma das mais radicais e desesperadas experiências que o homem pode ter* [6].

Enquanto perda da companhia dos outros homens, ou, perda do mundo comum, o isolamento diferiria, ao que parece, apenas em intensidade, da solidão, a qual corresponde à sensação de não pertencimento ao mundo de forma alguma:

---

4 Idem, p. 526-527.
5 Idem, p. 527.
6 Idem, ibidem. Grifos nossos.

trata-se da perda do mundo comum e também do próprio eu, levando os homens à superfluidade.

"Não ter raízes significa não ter no mundo um lugar reconhecido e garantido pelos outros; ser supérfluo significa não pertencer ao mundo de forma alguma. O desarraigamento pode ser a condição preliminar da superfluidade, tal como o isolamento pode (mas não deve) ser a condição preliminar da solidão"[7]. A solidão, afirma Arendt, não é estar só, não é ausência de companhia, mas sentir-se realmente um, abandonado por todos os outros e, em certo sentido, também por si mesmo[8]; a prática de viver a sós, de deixar de lado a companhia dos outros homens, embora se constitua em condição para o desenvolvimento de certas atividades humanas como o exercício do pensamento, pode levar à solidão, à perda do eu. Arendt nos esclarece:

quando estou só, estou "comigo mesmo", em companhia do meu próprio eu, e sou, portanto, dois em um; enquanto, na solidão, sou realmente apenas um, abandonado por todos os outros. A rigor, todo ato de pensar é feito quando se está a sós, e constitui um diálogo entre eu e eu mesmo; mas esse diálogo dos dois em um não perde o contato com o mundo dos meus semelhantes, pois que eles são representados no meu eu, com o qual estabeleço o diálogo do pensamento. O problema de estar a sós é que esses dois em um necessitam dos outros para que voltem a ser um – um indivíduo imutável cuja identidade jamais pode ser confundida com a de qualquer outro[9].

O homem solitário é, portanto, aquele que, despojado da companhia dos outros homens, do mundo compartilhado, é privado ao mesmo tempo da confirmação de sua própria identidade, e daquilo que é percebido como realidade[10].

---

7 Idem, p. 528.
8 Idem, p. 528-529.
9 Idem, ibidem. "Para a confirmação da minha identidade, dependo inteiramente de outras pessoas; e o grande milagre salvador da companhia para os homens solitários é que os 'integra' novamente; poupa-os do diálogo do pensamento no qual permanecem sempre equívocos, e restabelece-lhes a identidade que lhes permite falar com a voz única da pessoa impermutável", idem, p. 529.
10 Afirma Arendt: "até mesmo a experiência do mundo, que nos é dado material e sensorialmente, depende do nosso contato com os outros homens, do nosso senso comum que regula e controla todos os outros sentidos, sem o qual cada um de nós permaneceria enclausurado em sua própria particularidade de dados sensoriais, que, em si mesmos, são traiçoeiros e indignos de fé. Somente

Para exercer eficazmente a dominação, o sistema totalitário precisa produzir o fenômeno da solidão, o sentimento de não pertencimento ao mundo, no qual a ideologia toma o lugar de valores cristalizados, e o frio e árido raciocínio lógico substitui o pensamento. O surgimento de grandes contingentes humanos – as massas – a partir da Revolução Industrial, na Europa, teria fornecido o material humano à fabricação de cadáveres vivos:

a solidão, o fundamento para o terror, a essência do governo totalitário, e, para a ideologia ou a lógica, a preparação de seus carrascos e vítimas, tem íntima ligação com o desarraigamento e a superfluidade que atormentavam as massas modernas desde o começo da Revolução Industrial e se tornaram cruciais com o surgimento do imperialismo no fim do século passado e o colapso das instituições políticas e tradições sociais do nosso tempo[11].

Young-Bruehl assim resume o vasto processo histórico que provocou o desmoronamento de classes sociais inteiras, transformando os seus membros em seres supérfluos, segundo a visão arendtiana:

Através das seções sobre o antissemitismo e o imperialismo do seu livro, Arendt traçou um padrão de classe após classe social entrando em colapso internamente e deslocando a afinidade para a burguesia emergente e os governos das nações-Estado do século XIX. Os aristocratas, tentando reter o domínio social, ressentiam-se de governos que concediam igualdade legal a seus inferiores; a mesquinha burguesia ressentia-se da perda de suas magras fortunas nos desastrosos envolvimentos comerciais externos, patrocinados pelo Estado, das décadas de 1860 e 1870. As classes que se ressentiam contra o Estado também o faziam contra o grupo que pensavam ter o controle secreto do poder do Estado – os judeus, a "conspiração internacional dos banqueiros judeus". Na virada do século esse ressentimento combinou-se com o racismo, de modo relativamente irônico, pois então os judeus haviam perdido a maior parte de seu poder financeiro. O racismo dos colonizadores europeus ricoche-

por termos um senso comum, isto é, somente porque a terra é habitada, não por um homem, mas por homens no plural, podemos confiar em nossa experiência sensorial imediata", idem, p. 528.
11 Idem, ibidem.

teava sobre a Europa. À medida que as classes sociais tradicionais perdiam seus interesses de classe específicos, envolvendo-se nas aventuras capitalistas da burguesia, expansão pela expansão, lucro pelo lucro, poder pelo poder, as classes desmoronavam. Aqueles que se tornavam *déclassés* inevitavelmente entravam em contato com o resíduo supérfluo de todas as classes: a plebe, aqueles que Karl Marx havia chamado *Lumpen-proletariat,* que já haviam caído à beira do caminho no triunfo da burguesia. Quando as elites intelectuais *déclassés* da aristocracia e da burguesia encontraram a plebe, as elites e a plebe descobriram o que tinham em comum: um ressentimento feroz contra a hipocrisia e a pretensão da burguesia[12].

Assim, as massas formam-se a partir da decomposição das classes tradicionais – aristocracia, burguesia e plebe; à plebe unem-se elementos intelectualizados deslocados da aristocracia e da própria burguesia; sua característica comum era o cultivo de um ódio crescente contra a *bourgeoisie*; o resultado é a conjunção plebe-elite, que daria origem às massas modernas.

Young-Bruehl ressalta que a ideia herdada do século XVIII e defendida por Arendt – de se estabelecer uma liga ou ordem europeia de Estados constitucionais – não se realiza; ao contrário,

a plebe cresceu à medida que os *déclassés* se juntaram a ela, até se tornar "o submundo da classe burguesa", isto é, até que a própria classe burguesa começou a desmoronar. Em seu estágio inicial, a plebe era distinguida do "povo" e em seu estágio posterior, mais amplo, ela se fundiu com as "massas", aqueles sem consciência de classe. No século XVIII, *le peuple* também havia vindo de todos os estratos sociais, mas no período revolucionário *le peuple* eram aqueles cidadãos que se preocupavam com a ação política. Isso distinguia-os fundamentalmente das massas que nunca haviam sido integradas em qualquer organização baseada em interesses comuns e um mundo partilhado[13].

Com efeito, a ausência de objetivos e mundo comuns, aliada à preocupação com a segurança individual, inclinariam as massas a adotar ideologias "sem interesses de classe imediatos ou conteúdo utilitário"[14].

---

12 E. Young-Bruehl, *Por Amor ao Mundo: A Vida e a Obra de Hannah Arendt*, p. 208-209.
13 Idem, p. 209.
14 Idem, p. 210.

A VIOLÊNCIA RELACIONADA À "AUSÊNCIA DE UM LUGAR NO MUNDO"   95

Já no século XIX, Tocqueville teria detectado – não sem uma certa apreensão – o surgimento de uma nova realidade social no solo do Novo Mundo. Impressionado com os efeitos, ainda presentes, provocados pela Revolução Americana sobre os costumes e instituições, ele aponta para a eclosão das massas humanas modernas e a tendência à uniformização na sociedade americana. Ele assim teria se expressado:

Essa sociedade nova, que procurei retratar e pretendo julgar, acaba de nascer. O tempo ainda não lhe determinou a forma; a grande revolução que a criou ainda dura e, no que sucede hoje em dia, ainda é quase impossível distinguir o que deve passar com a revolução e o que deve permanecer depois dela.

O mundo que se ergue ainda está escondido pela metade nos escombros do mundo que se desfaz, e, em meio à imensa confusão que os negócios humanos apresentam, ninguém poderia dizer o que ficará em pé das velhas instituições e dos antigos costumes e o que acabará desaparecendo.

Se bem que a revolução que se opera na estrutura social, nas leis, nas ideias, nos sentimentos dos homens, ainda esteja longe de estar terminada, já não se pode comparar suas obras com nada do que se viu anteriormente no mundo [...] Não podendo mais o passado esclarecer o futuro, o espírito marcha, então, por entre as trevas.

Entretanto, no meio deste quadro tão vasto, tão novo e confuso, entrevejo alguns traços principais que se esboçam; ei-los:

Noto que o bem e o mal se repartem igualmente no mundo. As grandes riquezas desaparecem; o número das pequenas fortunas cresce; os desejos e os prazeres se multiplicam; não há mais prosperidade extraordinária nem miséria irremediável. A ambição é um sentimento universal, há poucas ambições imensas. Cada indivíduo é isolado e fraco; a sociedade é ágil, previdente e forte; os particulares fazem pequenas coisas, os Estados, enormes.

As almas não são enérgicas; mas os costumes são tranquilos e as legislações, humanas. Se, por um lado, encontram-se poucos grandes devotamentos, poucas altas virtudes, brilhantes e puras, os hábitos são, por outro lado, acomodados, a violência é rara, a crueldade quase desconhecida. A existência dos homens torna-se mais longa e certamente mais apropriada. A vida é menos rebuscada, mas muito fácil e tranquila. Há poucos prazeres muito delicados ou muito grosseiros, pouca polidez de maneiras e pouca brutalidade nos gostos. Não se encontram homens muito sábios, nem população muito ignorante. O gênio torna-se raro e a cultura mais comum. O espírito humano se desenvolve por pequenos esforços conjuntos de todos os homens e não através de impulsos poderosos de alguns poucos. Há menos perfeição, porém mais fecundidade nas obras. Todos os laços da raça, da classe, da pátria, afrouxam-se; o grande laço da humanidade se estreita[15].

Vislumbra-se, por essa descrição, o perfil do novo tipo de humanidade que então emerge, a atomização do indivíduo e consequentemente a sua fraqueza. Porém, as palavras mais contundentes vêm logo a seguir. Conclui, então, Tocqueville:

Se, dentre todos esses traços, procuro o que me parece mais geral e mais evidente, noto que o que se observa nas fortunas reproduz-se sob mil outras formas. *Quase todos os extremos se suavizam e se embotam; quase todos os pontos salientes se atenuam para dar lugar a algo de mediano, que é ao mesmo tempo menos elevado e menos baixo, menos brilhante e menos obscuro do que o que se via antes no mundo.*
Observo esta massa incontável, composta de seres semelhantes, em que nada se eleva ou se abaixa. O espetáculo dessa uniformidade me entristece e me gela, sou tentado a ter saudade da sociedade que não mais existe[16].

Acertadamente, Tocqueville teria antevisto a possibilidade de que regimes de opressão inteiramente novos se estabelecessem em sociedades igualitárias, compostas de homens inertes e individualistas. Em suas próprias palavras:

quando penso nas pequenas paixões dos homens atuais, na moleza dos costumes, na extensão da cultura, na pureza da religião que praticam, em sua suavidade moral, seus hábitos laboriosos e acomodados, no comedimento que quase todos conservam, tanto no vício como na virtude, não temo que encontrem, nos chefes, tiranos, mas tutores.
Creio, portanto, que a espécie de opressão de que estão ameaçados os povos democráticos em nada se assemelhará à que a precedeu neste mundo; nossos contemporâneos não poderiam encontrar-lhe a imagem em suas lembranças. Procuro, em vão, uma expressão que

---

15 *A Democracia na América*, p. 317.
16 Idem, ibidem. Grifos nossos.

reproduza e encerre exatamente a ideia que faço; os termos antigos, despotismo e tirania, não convêm. A coisa é nova[17].

Tocqueville prognostica o domínio, sobre a massa de homens iguais, de um poder absoluto e tutelar, cujo objetivo é o de mantê-la inteiramente dependente e sem ação:

> Se quisesse imaginar com que traços novos o despotismo poderia produzir-se no mundo, veria uma multidão incontável de homens semelhantes e iguais, que se movem sem cessar para alcançarem pequenos e vulgares prazeres, de que enchem a própria alma. Cada um deles, separado dos outros, é como que estranho ao destino de todos eles: seus filhos e amigos particulares formam, para ele, toda a espécie humana; quanto ao restante de seus concidadãos, está ao lado deles, mas não os vê; toca-os, mas não os sente; só existe em si mesmo e para si mesmo e, se lhe resta ainda uma família, pode-se dizer que não tem mais pátria.
> Acima desses homens erige-se um poder imenso e tutelar, que se encarrega sozinho de assegurar-lhes os prazeres e de velar-lhes a sorte. Este poder é absoluto, minucioso, regular, previdente e suave. Assemelhar-se-ia ao poder paterno, e, com ele, teria como objetivo preparar os homens para a idade viril; mas, ao contrário, procura somente mantê-los irrevogavelmente na infância; tem prazer em que os cidadãos se regozijem, desde que não pensem em outra coisa. Trabalha com prazer para seu bem mas quer ser o único a fazê-lo e o árbitro exclusivo; provê-lhes a segurança, prevê-lhes e satisfaz-lhes as necessidades, facilita-lhes os prazeres, conduz seus próprios negócios, dirige as indústrias, regulamenta as sucessões, divide as heranças; por que não poderia poupar-lhes inteiramente a preocupação de pensar e o trabalho de viver?[18].

Contudo, diante deste quadro "vasto, novo e confuso", Tocqueville parece mostrar-se ao mesmo tempo perplexo e esperançoso: "vejo grandes perigos que é possível conjurar; grandes males que se pode evitar ou circunscrever, e torno-me cada vez mais firme em minha crença de que para serem honestas e prósperas basta às nações democráticas que o queiram"[19]. Infelizmente, os perigos e males não seriam evitados; adviriam

---

17 Idem, p. 312.
18 Idem, p. 312-313.
19 Idem, p. 318.

com grande ímpeto depois, e estariam relacionados com o surgimento das massas.

Nos anos vinte do século passado, a irrupção do fenômeno das massas, sobretudo no antigo continente, se tornaria objeto de investigação ampliada com Ortega y Gasset.

Basicamente, Ortega coloca-se a seguinte questão: "Donde vieram todas estas multidões que agora enchem e transbordam o cenário histórico?"[20]. Para respondê-la, ele se apoia em dados estatísticos apresentados por Werner Sombart sobre o crescimento populacional na Europa:

desde que começa a história europeia no século VI até o ano 1800 – portanto, em toda a extensão de doze séculos –, a Europa não consegue atingir outro número de população que o de 180 milhões de habitantes. Pois bem: de 1800 a 1914 – portanto, pouco mais de um século – a população europeia sobe de 180 a 460 milhões! Presumo que o contraste destes números não deixa lugar a dúvidas com respeito aos dotes prolíferos da última centúria. Em três gerações produziu de forma gigantesca uma massa humana que, lançada como uma torrente na área histórica, a inundou. Bastaria [...] este dado para compreender o triunfo das massas e quanto nele se reflecte e se anuncia[21].

Segundo Ortega, o crescimento vertiginoso da população no período, e o consequente advento das massas, foi possível graças à conjugação de três princípios – democracia liberal, experimentação científica e industrialismo, os quais, embora procedentes de dois séculos anteriores, teriam se instaurado no século XIX[22].

Um homem novo, cuja vida se apresentou isenta de impedimentos, teria sido engendrado dois séculos atrás[23], trata-se do homem-massa:

O mundo organizado pelo século XIX, ao produzir automaticamente um homem novo, introduziu nele apetites formidáveis,

---

20 *A Rebelião das Massas*, p. 67.
21 Idem, p. 68. A Europa teria tido um crescimento populacional muito maior do que aquele verificado na América. Para Ortega, a América teria sido feita "com o que transborda da Europa", idem, ibidem.
22 Idem, p. 72.
23 Idem, ibidem.

meios poderosos de toda a espécie para os satisfazer: económicos, corporais (higiene, saúde média superior à de todos os tempos), civis e técnicos (entendo por estes a imensidade de conhecimentos parciais e de eficiência prática que hoje o homem médio tem e de que sempre careceu no passado). Depois de ter introduzido nele todas estas potências, o século XIX abandonou-o a si mesmo e, então, seguindo o homem médio a sua índole natural, encerrou-se em si mesmo[24].

O homem-massa é aquele que dispõe de independência e segurança econômica, e vive em um mundo, agora tido como sem limites, dotado de facilidades, conforto e segurança:

Enquanto no passado viver significava para o homem médio encontrar em seu redor dificuldades, perigos, escassez, limitações de destino e dependência, o mundo novo aparece como âmbito de possibilidades praticamente ilimitadas, seguro, onde não se depende de ninguém [...] E, se a impressão tradicional dizia: "Viver é sentir-se limitado e, por isso mesmo, ter de contar com o que nos limita", a novíssima voz grita: "Viver é não encontrar limitação alguma; portanto, abandonar-se tranquilamente a si mesmo. Praticamente nada é impossível, nada é perigoso e, em princípio, ninguém é superior a ninguém"[25].

O homem-massa é, portanto, aquele que se sente autossuficiente, mesmo que não seja nada de grandioso e brilhante; é aquele que atende facilmente a todas as necessidades corporais e que encapsula-se em si mesmo:

a nova massa encontra a plena franquia vital enquanto estado nativo e estabelecido sem nenhuma causa especial. Nada de fora a incita a reconhecer em si limites e, portanto, a contar a todo o momento com outras instâncias [...] superiores [...] *O homem que analisamos habitua-se a não apelar de si mesmo a nenhuma instância fora dele.* Está satisfeito tal como é. Ingenuamente, sem necessidade de ser vão, como a coisa mais natural do mundo, tenderá a afirmar e a dar como bom o que encontra em si: opiniões, apetites, preferências ou gostos[26].

---

24 Idem, p. 80.
25 Idem, p. 76.
26 Idem, p. 77.

A obliteração do homem médio, ou, homem-massa, consiste exatamente em sentir-se completo e perfeito:

um homem de eleição, para sentir-se perfeito precisa de ser especialmente vaidoso, e a crença na sua perfeição não está unida consubstancialmente a ele, nem é ingénua, antes lhe vem da sua vaidade, e até para ele mesmo tem um carácter fictício, imaginário e problemático [...] O hermetismo nato da sua alma impede-o do que seria condição prévia para descobrir a sua insuficiência: comparar-se com outros seres. Comparar-se seria sair um instante de si mesmo e transferir-se para o próximo. Mas a alma medíocre é incapaz de transmigração – desporto supremo[27].

Ortega esclarece que esta atitude do homem-massa não significa estupidez, ao contrário, o homem novo tem capacidades intelectivas que, a rigor, de nada valem, a não ser para fechar-se mais em si mesmo[28]. Vive sob o império das opiniões desqualificadas, medíocres:

o homem médio tem as "ideias" mais taxativas sobre quanto acontece e tem de acontecer no universo. Por isso perdeu o uso da audição. Para quê ouvir, se já tem dentro tudo o que faz falta? Já não é altura de ouvir, mas, ao contrário, de julgar, de sentenciar, de decidir. Não há questão de vida pública onde não intervenha, cego e surdo como é, impondo as suas "opiniões"[29].

Segundo Ortega, as massas são indóceis e rebeldes, são "incapazes de se deixarem dirigir em qualquer sentido", porque "lhes falta de nascença a função de atender ao que está para além delas, sejam factos, sejam pessoas. Quererão seguir alguém, e não poderão. Quererão ouvir, e descobrirão que são surdas"[30].

Ortega sustenta a tese de que, com a ascensão das massas de homens indóceis, abandonados a si mesmos, ao poder social na Europa, a partir da segunda metade do século XIX, estaria ocorrendo uma verdadeira rebelião e que "é nessa obliteração das almas médias que consiste a rebeldia das massas na qual,

27 Idem, p. 82.
28 Idem, p. 83.
29 Idem, ibidem.
30 Idem, p. 80.

por sua vez, consiste o gigantesco problema que se coloca hoje à humanidade"[31].

O problema pode ser posto de uma forma muito simples: "o homem vulgar, antes dirigido, resolveu governar o mundo"[32]. Em outros termos, essa atomização das grandes massas humanas, associada à sensação de completude, por elas vivida, levam-nas a aspirar ascender ao poder. Quando o conseguem, tendem a intervir no mundo por meio de ação direta, isto é, por violência:

> O poder público sempre foi assim quando exercido directamente pelas massas: omnipotente e efémero. O homem-massa é o homem cuja vida carece de projecto e anda à deriva. Por isso não constrói nada, mesmo que as suas possibilidades, os seus poderes, sejam enormes[33].

A ascensão ao poder pelas massas aconteceria, no século XX, segundo Ortega, sob a forma de alguns movimentos políticos europeus, como o sindicalismo e o fascismo. "Sob as espécies de sindicalismo e fascismo aparece pela primeira vez na Europa um tipo de homem que *não quer dar razão nem quer ter razão*, antes, pelo contrário, simplesmente se mostra resolvido a impor as suas opiniões. Eis aqui o que é novo: o direito a não ter razão, a razão da sem-razão"[34]. A rigidez das opiniões e a ânsia pelo poder dominar fazem desse homem novo um elemento extremamente perigoso, dotado de alma forte, porém muito simples: "homem primitivo surgido inesperadamente no seio duma civilização velhíssima", não se conseguiu educá-lo, nem fazer desenvolver uma "sensibilidade para os grandes deveres históricos"[35], homem sem espírito.

Ortega vê no sindicalismo e no fascismo "a manifestação mais palpável do novo modo de ser das massas, por se terem resolvido a dirigir a sociedade sem capacidade para isso. Na sua conduta política revela-se a estrutura da alma nova da maneira mais crua e contundente, mas a chave está no hermetismo intelectual"[36].

31 Idem, p. 81.
32 Idem, p. 102.
33 Idem, p. 67.
34 Idem, p. 85.
35 Idem, p. 69.
36 Idem, p. 85.

O hermetismo intelectual é o que impulsiona as massas a intervir na vida pública e a proceder por ação direta; o resultado desta conduta é a anulação de toda norma, a destruição da civilidade, o predomínio da barbárie:

> O homem tem recorrido perpetuamente à violência: umas vezes este recurso era simplesmente um crime, e não nos interessa. Outras, porém, era a violência o meio a que recorria aquele que antes esgotara todos os outros para defender a razão e a justiça que julgava ter. Será muito lamentável que a condição humana leve uma e outra vez a esta forma de violência, mas é inegável que ela significa a maior homenagem à razão e à justiça. Até porque tal violência não é outra coisa senão a razão exasperada. A força era, com efeito, a *ultima ratio*. Um pouco estupidamente, quase sempre se entendeu com ironia esta expressão que demonstra muito bem a prévia rendição da força às normas racionais[37].

Ortega decreta a degeneração do processo civilizatório com a transformação da violência em primeiro recurso, usado na resolução de conflitos:

> A civilização não é outra coisa senão o ensaio de reduzir a força à *ultima ratio*. Começamos agora a ver isto com sobrada clareza, porque a "acção directa" consiste em inverter a ordem e proclamar a violência como *prima ratio*; rigorosamente, como única razão. É ela a norma que propõe a anulação de toda a norma, que suprime todo o intervalo entre o nosso propósito e a sua imposição. É a *Carta Magna* da barbárie[38].

Ainda que ao longo da história tenha se verificado que o modo natural de as massas operarem é por *ação direta*, o problema, ressalta Ortega, é que tal procedimento, outrora esporádico, excepcional, passa agora a ser tido como norma, anuladora de todas as outras[39].

Por ação direta, isto é, violentamente, atuariam não apenas o sindicalismo do início do século XX e o fascismo, mas também o bolchevismo; esses movimentos seriam identificados como exemplos do advento das massas ao poderio social.

---

37 Idem, p. 86.
38 Idem, ibidem.
39 Idem, ibidem.

Em Ortega, ao que parece, a ação direta estaria vinculada a uma perda progressiva daquilo que ele denominou "saber histórico", ou, "cultura histórica", necessários à conservação e à continuidade de uma civilização antiga. Sua principal função é evitar que erros ingenuamente cometidos em outros tempos se repitam[40]. A respeito da decadência da Europa, a partir da segunda metade do século XIX, assim se expressou Ortega:

eu sustenho que hoje o europeu dirigente sabe muito menos história que o homem do século XVIII e mesmo do XVII. Aquele saber histórico das minorias governantes – governantes *sensu lato* – tornou possível o avanço prodigioso do século XIX [...] Mas, já o século XIX começou a perder "cultura histórica", apesar de no seu decurso os especialistas a terem feito avançar muitíssimo como ciência. Devem-se em boa parte a este abandono os seus erros peculiares que hoje gravitam sobre nós. No seu último terço iniciou-se – ainda subterraneamente – a involução, o retrocesso à barbárie; isto é, à ingenuidade e primitivismo de quem não tem ou esquece o seu passado[41].

Assim, o bolchevismo e o fascismo são pensados por Ortega como um retorno à barbárie, como primitivismo; essas inovações políticas significam o império político das massas[42]:

Por isso são *bolchevismo* e *fascismo*, os dois intentos "novos" de política que se estão a fazer na Europa e seus arredores, dois claros exemplos de regressão substancial [...] Movimentos típicos de homens-massas, dirigidos, como todos os que o são, por homens medíocres, extemporâneos e sem larga memória, sem "consciência histórica", comportam-se desde um princípio como se já tivessem passado, como se, sucedendo nesta hora, pertencessem à fauna de antanho[43].

E ainda:

Um e outro – bolchevismo e fascismo – são duas pseudoalvoradas; não trazem a manhã de amanhã, mas a de um dia arcaico, já usado uma ou muitas vezes; são primitivismo. E serão isto todos os movimentos

40 Idem, p. 98.
41 Idem, ibidem.
42 Idem, p. 44.
43 Idem, p. 99.

que recaírem na simplicidade de entabular um pugilato com tal ou qual porção do passado, em vez de procederem à sua digestão[44].

Com essas considerações, Ortega também estaria vislumbrando o primitivismo e a barbárie, que marcariam um movimento ainda por despontar: o nazismo.

Ortega vê uma saída para a Europa não submergir: deve ser governada por dirigentes capazes, dotados de "saber histórico":

> A Europa não tem remissão se o seu destino não for posto nas mãos de pessoas verdadeiramente "contemporâneas" que sintam palpitar debaixo delas todo o subsolo histórico, que conheçam a altitude presente da vida e repugnem todo o gesto arcaico e silvestre. Precisamos da história íntegra para ver se logramos escapar dela, não recair nela[45].

Portanto, diminuídas as possibilidades de discussão e de diálogo, o predomínio do isolamento, do encapsulamento do homem, a ausência de normas e a transformação da violência em primeiro recurso, tem-se o silêncio, a negação da civilização, o império da violência no mundo atual:

> Toda a convivência humana vai caindo sob este novo regime em que se suprimem as instâncias indirectas. [...]
> Trâmites, normas, cortesia, usos intermediários, justiça, razão! Para que inventar tudo isto, criar tanta complicação? Tudo isso se resume na palavra "civilização" que, ao través da ideia de *civis* – o cidadão – descobre a sua própria origem. Trata-se com tudo isso de tornar possível a cidade, a comunidade, a convivência. Por isso, se olharmos por dentro cada um desses apetrechos da civilização que acabo de enumerar, acharemos em todos uma mesma entranha. Todos, com efeito, pressupõem o desejo radical e progressivo de cada pessoa contar com as outras. Civilização é, antes de mais nada, vontade de convivência. É-se incivil e bárbaro na medida em que não se conte com os outros. A barbárie é tendência à dissociação. E assim todas as épocas bárbaras foram tempos de esbanjamento humano, pululação de grupos diminutos separados e hostis[46].

---

44 Idem, p. 100.
45 Idem, p. 101-102.
46 Idem, p. 86-87. Esta concepção de Ortega, de civilização como "vontade de convivência", reporta-se a Aristóteles, para quem bastar-se a si mesmo é considerado ato indigno. Ver supra, p. 9-12.

Tanto as análises empreendidas por Tocqueville, como aquelas elaboradas por Ortega, a respeito do advento do fenômeno das massas modernas na história do Ocidente, ainda que desenvolvidas em épocas e sob prismas distintos, de algum modo, encontram-se presentes em Arendt e as complementam[47]. Em Arendt, o esforço de compreensão, voltado para o estabelecimento dos elementos constitutivos dos regimes totalitários do século XX, estaria centrado nos efeitos produzidos pela Primeira Guerra Mundial sobre homens e mundo "novos": a ausência de um lugar físico no mundo [*physical homelessness*]; o desenraizamento social [*social rootlessness*] e a ausência de direitos políticos [*political rightlessness*][48]. Segundo ela, o momento decisivo do processo de desintegração econômica, social e política da Europa teria ocorrido no período imediatamente posterior ao término da Primeira Grande Guerra, ainda que o início desse processo se situasse cerca de dois séculos atrás.

Arendt pensará esse processo de derrocada como aquilo que ela denominou "alienação do mundo". "O que distingue a era moderna é a alienação em relação ao mundo"[49]. Refere-se ao indivíduo moderno que, isolado politicamente, deixa de ter um lugar tangível no mundo comum, e refugia-se na privacidade e na intimidade. Termo retirado da teoria política, a alienação do mundo é o equivalente ao egoísmo na filosofia da existência, e ao individualismo burguês[50]; significa a perda de interesses comuns e mundo compartilhado[51].

Esse processo de alienação do mundo, ou, perda de um lugar no mundo, será identificado, por Arendt, sobretudo como expropriação e não redistribuição da riqueza acumulada. Em suas próprias palavras,

a expropriação, o fato de que certos grupos foram despojados de seu lugar no mundo e expostos, de mãos vazias, às conjunturas

---

47 Tocqueville é evocado amiúde por Arendt, sobretudo nos escritos políticos. Quanto a Ortega, *A Rebelião das Massas* consta da bibliografia da Parte III – "Totalitarismo" –, de *Origens do Totalitarismo*, p. 559.
48 The Aftermath of Nazi Rule: report from Germany, *Essays in Understanding, 1930-1954*, p. 248.
49 *A Condição Humana*, p. 266.
50 E. Young-Bruehl, op. cit., p. 209-210.
51 Idem, p. 209.

da vida, criou o original acúmulo de riqueza e a possibilidade de transformar essa riqueza em capital através do trabalho. Juntos, estes dois últimos constituíram as condições para o surgimento de uma economia capitalista. Desde o começo, séculos antes da revolução industrial, era evidente que este curso de eventos, iniciado pela expropriação e que dela se nutria, resultaria em enorme aumento da produtividade humana. A nova classe trabalhadora, que vivia para trabalhar e comer, estava não só diretamente sob o aguilhão das necessidades da vida, mas, ao mesmo tempo, alheia a qualquer cuidado ou preocupação que não decorresse imediatamente do próprio processo vital. O que foi liberado nos primórdios da primeira classe de trabalhadores livres da história foi a força inerente ao "labor power", isto é, a mera abundância natural do processo biológico que, como todas as forças naturais – da procriação como do labor – garante um generoso excedente muito além do necessário à reprodução de jovens para compensar o número de velhos. *O que torna estes acontecimentos do início da era moderna diferentes de ocorrências paralelas do passado é que a expropriação e o acúmulo de riqueza não resultaram simplesmente em novas propriedades nem levaram a uma nova redistribuição da riqueza, mas realimentaram o processo para gerar mais expropriações, maior produtividade e mais apropriações*[52].

Arendt considera que o processo de alienação do mundo ocorreu, basicamente, em três estágios. No primeiro, há a expropriação da proteção da família e da propriedade: perde-se um lugar físico no mundo. Um segundo momento ocorre quando a sociedade passa a exercer as funções anteriormente desempenhadas pela família, havendo uma expansão da esfera social. O terceiro e último estágio corresponde ao declínio do Estado-nação e ao estreitamento do mundo público comum.
Expresso por Arendt:

o primeiro estágio desta alienação foi caracterizado por sua crueldade, pela miséria e pela pobreza material que significou para um número cada vez maior de "trabalhadores pobres" que haviam sido despojados, através da expropriação, da dupla proteção da família e da propriedade, isto é, de um pedaço do mundo pertencente a eles e à sua família e que, até o advento da era moderna, abrigara em seu interior o processo vital individual e a atividade do labor

---

52 *A Condição Humana*, p. 267. Grifos nossos.

sujeita às necessidades desse processo. O estágio seguinte veio quando a sociedade se tornou o sujeito do novo processo vital, como antes a família fora o seu sujeito. A participação numa classe social substituiu a proteção que antes era oferecida pela participação numa família, e a solidariedade social passou a ser substituta muito eficaz da solidariedade que antes reinava na unidade familiar [...]; da mesma forma como a unidade familiar era identificada com um pedaço de mundo pertencente a donos privados – sua propriedade –, a sociedade foi identificada com uma propriedade tangível, mas pertencente a uma coletividade de donos – o território do Estado nacional – que até o seu declínio no século XX oferecia a todas as classes um substituto do lar privado, roubado à classe dos pobres [...] Uma vez que a sociedade passa a substituir a família, os critérios de "sangue e terra" devem governar as relações entre os seus membros; a homogeneidade da população e seu arraigamento ao solo passam a ser os requisitos do Estado nacional em toda parte[53].

Arendt adverte que este evento não chegou a influenciar o processo de expropriação e alienação do mundo, embora tivesse minimizado a crueldade e a miséria[54].

A pensadora alemã assim descreve as características do terceiro estágio:

o declínio do sistema de Estados nacionais europeus; o encolhimento econômico e geográfico da Terra, de forma que a prosperidade e a depressão tendem a ser fenômenos globais; a transformação da humanidade que, até nosso tempo, não passava de noção abstrata ou princípio orientador para uso exclusivo de humanistas, em entidade realmente existente, cujos membros, nos pontos mais distantes do globo, levam menos tempo para encontrar-se que os membros de uma nação há uma geração atrás – são as marcas do começo do último estágio desta evolução[55].

Em poucas palavras,

do mesmo modo como a família e a propriedade da família foram substituídas pela participação numa classe e por um território nacional, as sociedades circunscritas pelos Estados nacionais começam

53 Idem, p. 268-269.
54 Idem, p. 269.
55 Idem, ibidem.

a ser substituídas pela humanidade, e o planeta substitui o restrito território do Estado [...] A ascensão da sociedade trouxe consigo o declínio simultâneo das esferas pública e privada; mas o eclipse de um mundo público comum, fator tão crucial para a formação da massa solitária e tão perigoso na formação da mentalidade, alienada do mundo, dos modernos movimentos ideológicos de massas, começou com a perda, muito mais tangível, da propriedade privada de um pedaço de terra neste mundo[56].

Com efeito, a existência de um excesso de população economicamente supérflua e socialmente sem raízes, sem um lar e sem um território político que a abrigasse, teria gerado "pessoas sem um lugar no mundo", portanto, o elemento adequado às investidas cruéis de sistemas totalitários que se consolidariam na primeira metade do século XX, ainda que de modo efêmero.

Assim, em Arendt, o processo de alienação do mundo, desencadeado pela expropriação e marcado por uma acumulação crescente de riqueza, viveria seu momento crítico com a eclosão da Primeira Grande Guerra. Comparada a uma grande explosão, cujos efeitos são passíveis de serem sentidos até os dias de hoje, Arendt assim descreve as consequências devastadoras desse confronto sobre o antigo continente:

A Primeira Guerra Mundial foi uma explosão que dilacerou irremediavelmente a comunidade dos países europeus, como nenhuma outra guerra havia feito antes. A inflação destruiu toda a classe de pequenos proprietários a ponto de não lhes deixar esperança de recuperação, o que nenhuma crise financeira havia feito antes de modo tão radical. O desemprego, quando veio, atingiu proporções fabulosas, sem se limitar às classes trabalhadoras mas alcançando nações inteiras, com poucas exceções. As guerras civis que sobrevieram e se alastraram durante os vinte anos de paz agitada não foram apenas mais cruéis e mais sangrentas do que as anteriores: foram seguidas pela migração de compactos grupos humanos que, ao contrário dos seus predecessores mais felizes, não eram bem-vindos e não podiam ser assimilados em parte alguma. *Uma*

---

56 Idem, ibidem. Grifos nossos. "O processo de alienação [...] pode assumir proporções ainda mais radicais somente se lhe for permitido seguir a lei que lhe é inerente. Pois os homens não podem ser cidadãos do mundo como são cidadãos dos seus países, e homens sociais não podem ser donos coletivos como os homens que têm um lar e uma família são donos de sua propriedade privada", idem, ibidem.

vez fora do país de origem, permaneciam sem lar; quando deixavam o seu Estado, tornavam-se apátridas; quando perdiam os seus direitos humanos, perdiam todos os direitos: eram o refugo da terra[57].

Segundo Arendt, uma atmosfera de desintegração geral da vida política reinava na Europa no período entre as duas grandes guerras, sobretudo nos países derrotados da Primeira Guerra Mundial.

Agora todos estavam contra todos, e, mais ainda, contra os seus vizinhos mais próximos – os eslovacos contra os tchecos, os croatas contra os sérvios, os ucranianos contra os poloneses. E isso não resultava do conflito entre as nacionalidades e os povos formadores de Estados, ou entre minorias e maiorias: os eslovacos não apenas sabotavam constantemente o governo democrático de Praga como, ao mesmo tempo, perseguiam a minoria húngara em seu próprio solo, enquanto semelhante hostilidade contra o "povo estatal", por um lado, e entre si mesmas, por outro, animava as minorias insatisfeitas da Polônia[58].

Essa desintegração não raro era expressa por meio de um sentimento de ódio de tudo e de todos: "esse ódio universal vago e difuso [...], sem um foco que lhe atraísse a atenção apaixonada, sem ninguém que pudesse ser responsabilizado pelo estado de coisas – nem governo, nem burguesia, nem potência estrangeira"[59].

O esfacelamento político da monarquia dual austro-húngara e do império russo trouxe consigo um número elevado de minorias étnicas e povos destituídos de um Estado que as protegesse, *pessoas sem um lugar no mundo,* eventualmente sujeitas a leis de exceção dos tratados sobre grupos humanos minoritários, ou, a nenhuma espécie de lei.

Tais pessoas, esclarece, Arendt,

estavam em pior situação que as classes médias desapossadas, os desempregados, os pequenos *rentiers*, os pensionistas aos quais os eventos haviam privado da posição social, da possibilidade de trabalhar e do direito de ter propriedades: eles haviam perdido aqueles

---

57 *Origens do Totalitarismo*, p. 300. Grifos nossos.
58 Idem, p. 301.
59 Idem, ibidem.

direitos que até então eram tidos e até definidos como inalienáveis, ou seja, os Direitos do Homem. Os apátridas e as minorias [...] não dispunham de governos que os representassem e protegessem e, por isso, eram forçados a viver ou sob as leis de exceção dos Tratados das Minorias – que todos os governos (com exceção da Tchecoslováquia) haviam assinado sob protesto e nunca reconheceram como lei –, ou sob condições de absoluta ausência da lei[60].

Minorias étnicas da Europa oriental e meridional e povos sem Estado da Europa central e ocidental passam a ser o "refugo da terra". Afirma, Arendt: "aqueles a quem haviam escolhido como refugo da terra [...] eram realmente recebidos como o refugo da terra em toda parte; aqueles a quem a perseguição havia chamado de indesejáveis tornavam-se de fato os *indésirables* da Europa"[61]. Nesse processo de desintegração política, surge um elemento novo: a desnacionalização, prática que seria intensamente empregada nos regimes totalitários que se instalaram alguns anos mais tarde[62].

De fato, ao referir-se aos elementos que tornaram possível o "êxito" do totalitarismo, Arendt enfatiza o surgimento de seres desprotegidos por Estados, ocasionado pela não observância aos Direitos do Homem. Em seus próprios termos:

a desvairada fabricação em massa de cadáveres é precedida pela preparação, histórica e politicamente inteligível, de cadáveres vivos. O incentivo e, o que é mais importante, o silencioso consentimento a tais condições sem precedentes resulta daqueles eventos que, num período de desintegração política, súbita e inesperadamente tornaram centenas de milhares de seres humanos apátridas, desterrados, proscritos e indesejados, enquanto o desemprego tornava milhões de outros economicamente supérfluos e socialmente onerosos. Por sua vez, *isso só pôde acontecer porque os Direitos do Homem, apenas formulados mas nunca filosoficamente estabelecidos, apenas proclamados mas nunca politicamente garantidos, perderam, em sua forma tradicional, toda a validade*[63].

60 Idem, p. 301-302.
61 Idem, p. 302.
62 Idem, ibidem.
63 Idem, p. 498. Grifos nossos. "A incapacidade [...] dos Estados-nações europeus de proteger os direitos humanos dos que haviam perdido os seus direitos nacionais permitiu aos governos opressores impor a sua escala de valores até mesmo sobre os países oponentes", idem, p. 302.

A ineficácia dos Tratados de Paz do pós-guerra e o aumento do número de refugiados em decorrência de revoluções se constituiriam em fatores internos, responsáveis pela derrocada europeia. Entre os fatores externos estariam, segundo Arendt, o advento do imperialismo e dos movimentos de unificação étnica. Os Tratados de Paz eram instrumentos inadequados ao processo de criação de Estados-nações em virtude de não haver, entre as populações envolvidas, homogeneidade e arraigamento ao solo, recursos considerados básicos para a instalação de Estados-nações[64].

Nas palavras de Arendt:

os Tratados aglutinaram vários povos num só Estado, outorgaram a alguns o *status* de "povos estatais" e lhes confiaram o governo, supuseram silenciosamente que os outros povos nacionalmente compactos (como os eslovacos na Tchecoslováquia ou os croatas e eslovenos na Iugoslávia) chegassem a ser parceiros no governo, o que naturalmente não aconteceu, e, com igual arbitrariedade, criaram com os povos que sobraram um terceiro grupo de nacionalidades chamadas minorias, acrescentando assim aos muitos encargos dos novos Estados o problema de observar regulamentos especiais, impostos de fora, para uma parte de sua população. Como resultado, os povos não agraciados com Estados, fossem "minorias nacionais" ou "nacionalidades", consideraram os Tratados um jogo arbitrário que dava poder a uns, colocando em servidão os outros[65].

Também os Estados recém-criados olharam com desconfiança para os Tratados das Minorias, uma vez que a promessa de soberania nacional, em nível de igualdade de condições a outras nações, recebida no momento da independência, não se cumprira[66].

Prevalecia, a essa época, a ideia – herdada da Revolução Francesa – de que o exercício pleno dos Direitos do Homem estava vinculado à necessária emancipação nacional, ideia que era reforçada pelos próprios Tratados de Minorias.

Os Tratados das Minorias diziam em linguagem clara aquilo que até então era apenas implícito no sistema operante dos Estados-

---

64 Idem, p. 303.
65 Idem, p. 303-304.
66 Idem, p. 304.

-nações, isto é, que *somente os "nacionais" podiam ser cidadãos*, somente as pessoas da mesma origem nacional podiam gozar de toda a proteção das instituições legais, que os indivíduos de nacionalidade diferente precisavam de alguma lei de exceção até que, ou a não ser que, estivessem completamente assimilados e divorciados de sua origem[67].

Concebidos, no fundo, como instrumento para efetivar a assimilação – inaceitável pelos grupos minoritários –, os Tratados das Minorias atribuíram a responsabilidade de proteger aqueles homens sem Estado nacional, ou os que dele estavam separados, a uma entidade internacional: a Liga das Nações[68]. Afirma, Arendt:

minorias haviam existido antes, mas a minoria como instituição permanente, o reconhecimento de que milhões de pessoas viviam fora da proteção legal normal e normativa, necessitando de uma garantia adicional dos seus direitos elementares por parte de uma entidade externa, e a admissão de que esse estado de coisas não era temporário, mas que os Tratados eram necessários para criar um *modus vivendi* duradouro – tudo isso constituía novidade na história europeia[69].

Porém, as minorias, por não confiarem na Liga das Nações, nem nos povos estatais, se reuniram numa entidade a princípio vigorosa: Congresso dos Grupos Nacionais Organizados nos Estados Europeus, que iria aos poucos perdendo expressão quando interesses comuns de todas as minorias deixaram de ser considerados, em função dos interesses nacionais de cada minoria[70].

Com a incapacidade de o Estado-nação se manter como um instrumento de execução da lei e, desse modo, defender e garantir os direitos dos povos sem Estado, então emergentes, rompe-se essa estrutura de poder. À medida que a *nação* prevalece sobre as leis no Estado-nação, este se dilui, se decompõe. Nas palavras de Arendt:

---

67 Idem, p. 308. Grifos nossos.
68 Idem, p. 305-306.
69 Idem, p. 308.
70 Idem, p. 306-308. O Congresso, dominado por duas nacionalidades – a alemã e a judaica – torna-se insignificante quando, em 1933, os judeus dele se retiram, idem, p. 308.

como a sua criação coincidia com a de governos constitucionais, os Estados-nações sempre haviam representado o domínio da lei, e nele se baseavam, em contraste com o domínio da burocracia administrativa e do despotismo — ambos arbitrários. De modo que, ao se romper o precário equilíbrio entre a nação e o Estado, entre o interesse nacional e as instituições legais, ocorreu com espantosa rapidez a desintegração dessa forma de governo e de organização espontânea de povos[71].

Segundo Arendt, as minorias tinham assegurado para si alguns direitos como o de habitação; outros, como o direito de uso da língua, eram retirados.

Na realidade, as minorias eram povos sem Estado apenas parcialmente; *de jure*, pertenciam a algum corpo político, embora necessitassem de proteção adicional sob forma de tratados e garantias especiais; certos direitos secundários, tais como o uso do seu próprio idioma e a preservação da sua própria cultura, estavam ameaçados e só relutantemente eram protegidos por uma entidade estatal externa, habitada em sua maioria pela mesma etnia (nação), cuja parte constituía uma minoria num outro Estado, mas os direitos elementares, como o de residir, viver e trabalhar, sempre permaneciam intactos[72].

As minorias não eram, assim, constituídas de seres totalmente desprotegidos; no entanto, como o objetivo do Estado-nação, e também dos tratados, era a sua completa assimilação, as suas vidas – enquanto minorias, dotadas de valores, costumes, língua diferentes, corriam sério perigo de, cedo ou tarde, desaparecer.

Pior seria a condição de apátrida, "o mais recente fenômeno de massas da história contemporânea"[73]. Apátrida é todo aquele que não tem uma nacionalidade por haver perdido duplamente a nacionalidade de origem e aquela posteriormente adquirida, isto é, sem readquirir a primeira[74]. Pondera, Arendt: "Se considerarmos a diversidade grupal dos apátridas, parece que cada evento político, desde o fim da Primeira Guerra Mundial,

71 Idem, p. 308-309.
72 Idem, p. 309.
73 Idem, p. 310.
74 Idem, ibidem.

inevitavelmente acrescentou uma nova categoria aos que já viviam fora do âmbito da lei, sem que nenhuma categoria, por mais que se houvesse alterado a constelação original, jamais pudesse ser devolvida à normalidade"[75].

Vários teriam sido os fatores que contribuiriam para o seu aparecimento histórico; para Arendt, os primeiros apátridas teriam se originado dos Tratados de Paz de 1919, da dissolução da Áustria-Hungria e da criação dos Estados bálticos[76]. O apátrida distingue-se do refugiado: "desprovido de importância, aparentemente apenas uma anomalia legal, o *apatride* recebeu atenção e consideração tardias quando, após a Segunda Guerra Mundial, sua posição legal foi aplicada também aos refugiados que, expulsos de seus países pela revolução social, eram desnacionalizados pelos governos vitoriosos"[77]. O refugiado é aquele que, tendo um Estado, dele é privado ao sofrer a desnacionalização. Para fins práticos, essa sutil distinção se esvai, e ambos – apátrida e refugiado – acabam sendo jogados dentro da mesma e única categoria de *apátridas*[78].

Teria sido grande o número de apátridas no período anterior ao início da Segunda Guerra Mundial na Europa, e o número de apátridas em potencial tenderia a crescer no pós-guerra. Contudo, um modo descabido de resolver o problema do apátrida seria ignorando-o, e a ausência de dados estatísticos fidedignos a esse respeito confirmaria esta tendência[79]. Arendt ressalta que a denominação "pessoas sem Estado", aplicável aos apátridas, seria substituída por algo mais vago e indefinido – "pessoas deslocadas" [*displaced persons*]. Em seus próprios termos:

até a terminologia aplicada ao apátrida deteriorou-se. A expressão "povos sem Estado" pelo menos reconhecia o fato de que essas pessoas haviam perdido a proteção do seu governo e tinham necessidade de acordos internacionais que salvaguardassem a sua condição legal. A expressão *displaced persons* [...] foi inventada durante a guerra com a finalidade única de liquidar o problema dos

---

75 Idem, ibidem.
76 Idem, p. 311.
77 Idem, ibidem.
78 Idem, p. 314.
79 Idem, p. 313.

apátridas de uma vez por todas, por meio do simplório expediente de ignorar a sua existência. *O não reconhecimento de que uma pessoa pudesse ser "sem Estado" levava as autoridades, quaisquer que fossem, à tentativa de repatriá-la, isto é, de deportá-la para o seu país [de] origem, mesmo que este se recusasse a reconhecer o repatriado em perspectiva como cidadão ou, pelo contrário, desejasse o seu retorno apenas para puni-lo*[80].

Como consequência dessa verdadeira invasão de apátridas e refugiados no solo europeu ao longo da primeira metade do século XX, tem-se a quebra do direito de asilo e sobretudo o amargo reconhecimento de que havia milhões de homens sem um lugar garantido no mundo, seres absolutamente supérfluos, sujeitos, portanto, a todo tipo de arbitrariedade e violência. Nas palavras de Arendt:

o primeiro e grave dano causado aos Estados-nações pela chegada de centenas de milhares de apátridas foi a abolição tácita do direito de asilo, antes símbolo dos Direitos do Homem na esfera das relações internacionais. Sua longa e sagrada história data do começo da vida política organizada. Desde os tempos antigos, com esse direito protegeu-se o refugiado – e a área que o acolhia – contra situações que o forçassem a colocar-se fora da lei por circunstâncias alheias ao seu controle. Assim, o asilo era o único remanescente moderno do princípio de que *quid est in territorio est de território* [quem está no território, é do território], pois em todos os outros casos o Estado moderno tendia a proteger os seus cidadãos além de suas fronteiras para que, graças a tratados recíprocos, permanecessem sujeitos às leis do seu país, mesmo morando fora dele. Mas, embora o direito de asilo continuasse a funcionar num mundo organizado em Estados-nações e em certos casos, tenha até sobrevivido às duas guerras mundiais, tornou-se paulatinamente anacrônico, entrando até em conflito com os direitos internacionais do Estado [...]

O segundo choque que o mundo europeu sofreu com o surgimento dos refugiados decorria da dupla constatação de que era impossível desfazer-se deles e era impossível transformá-los em cidadãos do país de refúgio, principalmente porque todos concordavam em que só havia duas maneiras de resolver o problema: repatriação ou naturalização[81].

---

80 Idem, ibidem. Grifos nossos.
81 Idem, p. 313-314.

Com efeito, a repatriação não havia dado resultado, porque simplesmente os apátridas e os refugiados não eram aceitos não apenas em seu país de origem como em lugar nenhum. Porém, mesmo assim, essas pessoas eram deportadas, gerando sérios problemas nas fronteiras. Nas palavras de Arendt:

pode parecer que essa indeportabilidade de uma pessoa sem Estado impedisse um governo de expulsá-la; mas, como o homem sem Estado – um fora-da-lei por definição – era uma "anomalia para a qual não existia posição apropriada na estrutura da lei geral", ficava completamente à mercê da polícia, que, por sua vez, não hesitava muito em cometer atos ilegais para diminuir a carga de *indésirables* no país [...] O Estado, insistindo em seu soberano direito de expulsão, era forçado, pela natureza ilegal da condição de apátrida, a cometer atos confessadamente ilegais. Os apátridas assim expulsos eram contrabandeados para os países vizinhos, com o resultado de que esses últimos retribuíam do mesmo modo [...] Em consequência desse contrabando eclodiam conflitos entre polícias fronteiriças, que não contribuíam exatamente para melhorar as relações internacionais, e cresciam as sentenças de prisão para os apátridas que, com auxílio da polícia de um país, haviam entrado "ilegalmente" em outro[82].

Arendt chama atenção para o importante fato de que nenhum acordo, por melhor elaborado que seja, é capaz de substituir o *território*, o lugar no mundo que falta a apátridas e refugiados[83]. Em outro momento, Arendt explicitaria o que se deve entender por esse termo:

um conceito político e legal e não apenas um termo geográfico. Não se relaciona tanto e, não primeiramente, com um pedaço de terra, como ao espaço entre dois indivíduos, num grupo, cujos membros estão relacionados entre si e, ao mesmo tempo, separados e protegidos um do outro por toda espécie de relacionamento, baseado numa língua comum, religião, uma história comum, costumes e leis. Tal relacionamento se manifesta especialmente, na medida em que eles próprios constituem o espaço dentro do qual os diferentes membros de um grupo se relacionam e se comunicam[84].

---

82 Idem, p. 317.
83 Idem, ibidem.
84 *Eichmann em Jerusalém: Um Relato sobre a Banalidade do Mal*, p. 272.

A naturalização também fracassara em virtude de ter se tornado um expediente acessório na legislação do Estado nacional, o qual estava preocupado em garantir os direitos daquelas pessoas nascidas em seu território, os "nacionais". Afirma, Arendt:

> a naturalização nos países europeus previa casos excepcionais, para indivíduos a quem as circunstâncias haviam levado a um território estrangeiro. O processo falhou, porém, quando foi preciso atender a pedidos de naturalização em massa; mesmo do ponto de vista meramente administrativo, nenhum serviço público europeu estava em condições de lidar com o problema. Em lugar de naturalizar pelo menos parte dos recém-chegados, os países começaram a cancelar naturalizações concedidas no passado, em parte devido ao pânico geral, em parte porque a chegada de grandes massas realmente alterava a posição sempre precária dos cidadãos naturalizados da mesma origem[85].

Segundo Arendt, não havia grandes diferenças entre o cidadão naturalizado e o residente apátrida: ambos, em certa medida, eram privados da proteção dos direitos. Como as pessoas naturalizadas já haviam perdido a cidadania precedente, corriam risco de, a qualquer momento, perder esta segunda, e se tornarem apátridas[86].

Assim, "o cancelamento de naturalizações ou a introdução de novas leis que obviamente abriam o caminho para a desnaturalização em massa destruíram a pouca confiança que os refugiados ainda pudessem ter na possibilidade de se ajustarem a uma vida normal; se a assimilação a um novo país havia, no passado, parecido um tanto vergonhosa e desleal, agora era simplesmente ridícula"[87].

Como nem a repatriação, nem a naturalização revelaram-se soluções eficazes, a polícia é acionada para intervir, e quando o faz, é de modo violento e abrangente.

O Estado-nação, incapaz de prover uma lei para aqueles que haviam perdido a proteção de um governo nacional, transferiu o

---

85 *Origens do Totalitarismo*, p. 318.
86 Idem, ibidem. "O apátrida, sem direito à residência e sem o direito de trabalhar, tinha, naturalmente, de viver em constante transgressão à lei. Estava sujeito a ir para a cadeia sem jamais cometer um crime. Mais do que isso, toda a hierarquia de valores existente nos países civilizados era invertida no seu caso", idem, p. 319.
87 Idem, p. 318.

problema para a polícia. Foi essa a primeira vez em que a polícia da Europa ocidental recebeu autoridade para agir por conta própria, para governar diretamente as pessoas; nessa esfera da vida pública, já não era um instrumento para executar e fazer cumprir a lei, mas se havia tornado autoridade governante independente de governos e de ministérios [...] Quanto maior era o número de apátridas e de apátridas em potencial [...], maior era o perigo da gradual transformação do Estado da lei em Estado policial[88].

O prestígio social e político desse domínio policial teria permitido aos alemães não apenas a execução do terror totalitário nos campos, mas obter a colaboração das polícias nos países ocupados[89].

Arendt não se mostrou uma defensora dos Direitos do Homem[90], proclamados solenemente na França revolucionária do século XVIII. Ao discutir as perplexidades associadas a estes direitos, especialmente em *Origens do Totalitarismo*[91], ela considerará a Declaração dos Direitos do Homem um marco decisivo na história da humanidade, por colocar não mais a tradição nem a religião como fonte da lei, e sim o próprio homem. Isto significa que "independente dos privilégios que a história havia concedido a certas camadas da sociedade ou a certas nações, a declaração era ao mesmo tempo a mostra de que o homem se libertava de toda espécie de tutela e o prenúncio de que já havia atingido a maioridade"[92].

Foi assim que, ao se perderem os valores sociais, espirituais e religiosos, que até então sustentavam os direitos sociais e humanos, em virtude da secularização e da emancipação da sociedade, os direitos humanos passam a ser conclamados como proteção de um indivíduo contra o Estado e a própria sociedade[93].

Os Direitos do Homem se firmaram, desse modo, em nome do próprio Homem, o qual se constituiria a sua origem

---

88 Idem, p. 321.
89 Idem, p. 322.
90 E. Young-Bruehl, op. cit., p. 237.
91 Arendt teria incorporado, em *Origens do Totalitarismo*, as ideias sistematizadas em seu artigo "'The Rights of Man': what are they?", publicado em *Modern Review* 3/1, verão 1949, p. 24-37. Cf. E. Young-Bruehl, op. cit., p. 443.
92 *Origens do Totalitarismo*, p. 324.
93 Idem, ibidem.

e seu objetivo final: nenhuma autoridade era invocada para estabelecê-los e, nenhuma lei especial, necessária para garanti-los[94]. Afirma, Arendt: "a soberania do povo [...] era proclamada [...] em nome do Homem, de sorte que parecia apenas natural que os direitos 'inalienáveis' do Homem encontrassem sua garantia no direito do povo a um autogoverno soberano e se tornassem parte inalienável desse direito"[95]. Ora, com a diluição desse homem emancipado e isolado no seio do povo ocorreu a identificação *imprópria* dos direitos do homem com os direitos dos povos[96].

O grande paradoxo relativo à declaração dos direitos humanos adveio dessa identificação, por referir-se a um ser humano abstrato, que não existia em nenhum lugar[97]. "Toda a questão dos direitos humanos foi associada à questão da emancipação nacional; somente a soberania emancipada do povo parecia capaz de assegurá-los – a soberania do povo a que o indivíduo pertencia"[98].

Contudo, o paradoxo contido na Declaração dos Direitos do Homem só se tornou evidente quando surgiram, na Europa do início do século passado, pessoas que, ao perderem os seus direitos civis ou nacionais, ficaram sem a proteção e a garantia dos direitos humanos. Nas palavras de Arendt: "os Direitos do Homem [...] haviam sido definidos como 'inalienáveis' porque se supunha serem independentes de todos os governos; mas sucedia que, no momento em que seres humanos deixavam de ter um governo próprio, não restava nenhuma autoridade para protegê-los e nenhuma instituição disposta a garanti-los"[99].

Transformadas e identificadas como apátridas e homens sem Estado[100], essas pessoas eram consideradas expulsas da humanidade, seres que sofreram morte civil, proscrição, seres que não tinham a quem recorrer. Não tinham mais *um lugar no mundo* e por isso sofriam duplamente: a perda do próprio lar e a impossibilidade de encontrar um novo lar.

---

94 Idem, ibidem.
95 Idem, ibidem.
96 Idem, p. 325.
97 Idem, ibidem.
98 Idem, ibidem.
99 Idem, ibidem.
100 Idem, p. 310.

A primeira perda que sofreram essas pessoas privadas de direito não foi a da proteção legal mas *a perda dos seus lares,* o que significava a perda de toda a textura social na qual haviam nascido e na qual haviam criado para si um lugar peculiar no mundo. Essa calamidade tem precedentes, pois na história são corriqueiras as migrações forçadas, por motivos políticos ou econômicos de indivíduos ou de povos inteiros. O que era sem precedentes não era a perda do lar, mas *a impossibilidade de encontrar um novo lar* [...] Além do mais, isso quase nada tinha a ver com qualquer problema material de superpopulação, pois não era um problema de espaço ou de demografia. *Era um problema de organização política.* Ninguém se apercebia de que a humanidade, concebida durante tanto tempo à imagem de uma família de nações, havia alcançado o estágio em que a pessoa expulsa de uma dessas comunidades rigidamente organizadas e fechadas via-se expulsa de toda a família das nações[101].

Outra perda importante se constituía em *destruição da cidadania*, entendida enquanto proteção de um governo, de qualquer governo. "A segunda perda sofrida pelas pessoas destituídas de seus direitos foi a perda da proteção do governo, e isso não significava apenas a perda da condição legal no próprio país, mas em todos os países"[102]. Como a perda do lar, também a perda da proteção do governo fora sem precedentes[103].

Assim, duplamente despojadas, tais pessoas são caracterizadas por Arendt como *inocentes*. "Eram e não pareciam ser outra coisa senão seres humanos cuja própria inocência [...] era o seu maior infortúnio. A inocência, no sentido de completa falta de responsabilidade, era a marca da sua privação de direitos e o selo da sua perda de posição política"[104]. Inocência, por terem de sofrer por atos que não cometeram e por convicções de que não eram absolutamente portadores.

Com efeito, diferentemente dos estrangeiros inimigos, que desfrutavam de certa proteção de seus governos de origem por meio de acordos internacionais, e, dos perseguidos políticos, que podiam se beneficiar do direito de asilo, os *inocentes* não eram "inimigos ativos", mas homens que se viam atormentados pelo

---

101 Idem, p. 327. Grifos nossos.
102 Idem, ibidem. Vivemos em um mundo unificado por tratados de reciprocidade e acordos internacionais.
103 Idem, ibidem.
104 Idem, p. 328.

que invariavelmente eram: membros nascidos de raça "impura", ou, de classe "agonizante"[105]. Tornam-se, assim, "suspeitos".

Havia, porém, uma forma de tentar readquirir algum direito: por meio da perpetração de crimes. Arendt afirma, a esse respeito, que "parece mais fácil privar da legalidade uma pessoa completamente inocente do que alguém que tenha cometido um crime"[106], uma vez que, ao agir contra a lei, adquire igualdade perante essa mesma lei e, portanto, o direito à proteção. Em suas próprias palavras:

a melhor forma de determinar se uma pessoa foi expulsa do âmbito da lei é perguntar se, para ela, seria melhor cometer um crime. Se um pequeno furto pode melhorar a sua posição legal, pelo menos temporariamente, podemos estar certos de que foi destituída dos direitos humanos. Pois o crime passa a ser, então, a melhor forma de recuperação de certa igualdade humana, mesmo que ela seja reconhecida como exceção à norma. O fato – importante – é que a lei prevê essa exceção. Como criminoso, mesmo um apátrida não será tratado pior que outro criminoso, isto é, será tratado como qualquer outra pessoa nas mesmas condições. *Só como transgressor da lei pode o apátrida ser protegido pela lei*. Enquanto durem o julgamento e o pronunciamento da sua sentença, estará a salvo daquele domínio arbitrário da polícia, contra o qual não existem advogados nem apelações[107].

Por terem sofrido duas perdas fundamentais – o seu lugar no mundo e a proteção do governo – esses *inocentes* parecem ser atirados de volta ao hipotético estado de natureza em plena civilização, prestando-se, portanto, a todo tipo de arbitrariedade e violência[108].

A perda dos assim denominados direitos humanos: "o direito à vida, à liberdade e à procura da felicidade, de acordo com a fórmula americana; ou a igualdade perante a lei, a liberdade, a proteção da propriedade e a soberania nacional, segundo os

---

105 Idem, p. 327-328.
106 Idem, p. 328.
107 Idem, p. 320. Grifos nossos.
108 Tal fato parece corroborar a tese rousseauísta de que "só começamos propriamente a tornar-nos homens depois de ter sido Cidadãos". J.-J. Rousseau, *Du contract social* (première version), I, II, *Œuvres complètes*, III, p. 287.

franceses"[109], não teria sido, para Arendt, tão desastrosa aos inocentes quanto a própria perda da comunidade.

A calamidade dos que não têm direitos não decorre do fato de terem sido privados da vida, da liberdade ou da procura da felicidade, nem da igualdade perante a lei ou da liberdade de opinião – fórmulas que se destinavam a resolver problemas dentro de certas comunidades – mas do fato de *já não pertencerem a qualquer comunidade. Sua situação angustiante não resulta do fato de não serem iguais perante a lei, mas sim de não existirem mais leis para eles; não de serem oprimidos, mas de não haver ninguém mais que se interesse por eles, nem que seja para oprimi-los. Só no último estágio de um longo processo o seu direito à vida é ameaçado;* só se permanecerem absolutamente "supérfluos", se não se puder encontrar ninguém para "reclamá-los", as suas vidas podem correr perigo[110].

Arendt menciona, nesse ponto de sua exposição, a maneira como os nazistas operaram a destruição dos judeus, privando-os de sua condição legal, aniquilando a sua dimensão moral, e depois provocando a morte física. Salienta, porém, o fato de que foi necessário que se criasse uma situação de total perda de direitos antes que se ameaçasse o direito à vida[111].

Ora, desde a Antiguidade grega, e já com Aristóteles, o homem tem sido caracterizado essencialmente como ser capaz de falar e pensar e viver em comunidade. Arendt retoma essa tradição e defende a ideia de que são exatamente esses atributos – a fala autorizada, a ação efetiva, e a convivência em comunidade –, que devem constituir os direitos do cidadão[112].

A privação fundamental dos direitos humanos manifesta-se, primeiro e acima de tudo, na privação de um lugar no mundo que torne a opinião significativa e a ação eficaz. Algo mais fundamental do que a liberdade e a justiça, que são os direitos do cidadão, está em jogo quando deixa de ser natural que um homem pertença à comunidade em que nasceu, e quando o não pertencer a ela não é um ato

---

109 *Origens do Totalitarismo*, p. 329.
110 Idem, ibidem. Grifos nossos.
111 Idem, ibidem. As etapas de instauração do terror totalitário foram analisadas por Arendt sobretudo em *Origens do Totalitarismo*, p. 494 e s. Procuramos destacar os seus principais aspectos supra, p. 58 e s.
112 Idem, p. 329-330.

da sua livre escolha, ou quando está numa situação em que, a não ser que cometa um crime, receberá um tratamento independente do que ele faça ou deixe de fazer. Esse extremo, e nada mais, é a situação dos que são privados dos seus direitos humanos. São privados não do seu direito à liberdade, mas do direito à ação; não do direito de pensarem o que quiserem, mas do direito de opinarem. Privilégios (em alguns casos), injustiças (na maioria das vezes), bençãos ou ruínas lhes serão dados ao sabor do acaso e sem qualquer relação com o que fazem, fizeram ou venham a fazer[113].

Para Arendt, não adianta o ser humano dispor de um direito de liberdade e de pensamento, mas ser proibido de agir e opinar. Essa circunstância, vivida pelos inocentes, a levou a afirmar a necessidade de se ter um direito a ter direitos e de se ter um lugar no mundo.

Só conseguimos perceber a existência de um direito de ter direitos (e isto significa viver numa estrutura onde se é julgado pelas ações e opiniões) e de um direito de pertencer a algum tipo de comunidade organizada, quando surgiram milhões de pessoas que haviam perdido esses direitos e não podiam recuperá-los devido à nova situação política global [...] Pois, queiramos ou não, já começamos realmente a viver num Mundo Único[114].

Ter um lugar no mundo, ter um mundo, em Arendt, é acima de tudo ter uma comunidade, um espaço no qual nossas ações e opiniões possam ser vistas, ouvidas e a nós tributadas.

Assim, a calamidade que se vem abatendo sobre um número cada vez maior de pessoas não é a perda de direitos específicos, mas a perda de uma comunidade disposta e capaz de garantir quaisquer direitos. O homem pode perder todos os chamados Direitos do Homem sem perder a sua qualidade essencial de homem, sua dignidade humana. *Só a perda da própria comunidade é que o expulsa da humanidade*[115].

Em Arendt, os direitos humanos, e a dignidade que deles advém, deveriam prevalecer, permanecer sempre, mesmo em

---

113 Idem, p. 330.
114 Idem, ibidem.
115 Idem, p. 331. Grifos nossos.

casos em que se perde um lugar no mundo, até mesmo quando há a perda da humanidade[116]. Arendt concorda com os argumentos de Edmund Burke, segundo os quais os Direitos do Homem, proclamados pela Revolução Francesa, são considerados meras abstrações, e ainda que a fonte desses direitos deve ser buscada não na história ou na natureza ou em outro elemento, mas "dentro da nação"[117].

As experiências históricas mostraram, segundo Arendt, que

o conceito de direitos humanos, baseado na suposta existência de um ser humano em si, desmoronou no mesmo instante em que aqueles que diziam acreditar nele se confrontaram pela primeira vez com seres que haviam realmente perdido todas as outras qualidades e relações específicas – exceto que ainda eram humanos. *O mundo não viu nada de sagrado na abstrata nudez de ser unicamente humano* [118].

E ainda: "não apenas a perda de direitos nacionais levou à perda dos direitos humanos, mas a restauração desses direitos humanos, como demonstra o exemplo do Estado de Israel, só pôde ser realizada até agora pela restauração ou pelo estabelecimento de direitos nacionais"[119].

Assim, o que existe para Arendt são os direitos nacionais, de cidadania; é preciso que o homem se torne primeiramente cidadão de algum Estado, para só então adquirir a posição de ser humano específico.

Os sobreviventes dos campos de extermínio, os internados nos campos de concentração e de refugiados, e até os relativamente afortunados apátridas, puderam ver [...] que *a nudez abstrata de serem unicamente humanos era o maior risco que corriam*. Devido a ela, eram considerados inferiores e, receosos de que podiam terminar sendo considerados animais, insistiam na sua nacionalidade, o último vestígio da sua antiga cidadania, como o último laço remanescente e reconhecido que os ligaria à humanidade[120].

116 Idem, ibidem.
117 Idem, p. 333.
118 Idem, ibidem. Grifos nossos.
119 Idem, ibidem.
120 Idem, ibidem. Grifos nossos. Contemporaneamente, Claude Lefort chama a atenção para a importância da dimensão simbólica dos Direitos do Homem, dimensão esta que teria se tornado constitutiva da sociedade política, que deve ser reconhecida – e que Arendt teria ignorado. Levá-la em conta implica

Segundo Arendt, não somos *naturalmente* iguais. Somos diferentes. E é na esfera privada da vida humana que esta distinção se revela de modo mais efetivo. Contrapõe-se e não raro ameaça a esfera pública, lugar privilegiado onde os homens não nascem, mas *tornam-se* iguais. Com efeito, a igualdade, fruto da organização humana, é orientada pelo princípio da justiça[121]: "nossa vida política baseia-se na suposição de que podemos produzir igualdade através da organização, porque o homem pode agir sobre o mundo comum e mudá-lo e construí-lo juntamente com os seus iguais, e somente com os seus iguais"[122].

Com o encolhimento desse espaço da igualdade no mundo moderno, os homens são reduzidos àquilo que eles são naturalmente, são despojados exatamente daquelas qualidades que os tornam seres verdadeiramente humanos. Nas palavras de Arendt:

o grande perigo que advém da existência de pessoas forçadas a viver fora do mundo comum é que são devolvidas, em plena civilização, à sua elementaridade natural, à sua mera diferenciação. Falta-lhes aquela tremenda equalização de diferenças que advém do fato de serem cidadãos de alguma comunidade, e no entanto, como já não se lhes permite participar do artifício humano, passam a pertencer à raça humana da mesma forma como animais pertencem a uma dada espécie de animais. O paradoxo da perda dos direitos humanos é que essa perda coincide com o instante em que a pessoa se torna um ser humano em geral – sem uma profissão, sem uma cidadania, sem uma opinião, sem uma ação pela qual se identifique e se especifique — *e diferente em geral*, representando nada além da sua individualidade absoluta e singular, que, privada da expressão e da ação sobre um mundo comum, perde todo o seu significado[123].

    munir-se dos meios para "compreender o sentido das reivindicações cuja finalidade é a inscrição de novos direitos, assim como as mudanças que se operam na sociedade e [...] na representação social da diferença dos modos de existência legítimos graças à disseminação dessas reivindicações", *A Invenção Democrática*, p. 56 e 58. Segundo Lefort, a eficácia dos Direitos do Homem está associada à consciência desses direitos e de sua manifestação pública. São mais fortes quando "o poder afirma garanti-los, quando as marcas das liberdades se tornam visíveis pelas leis", idem, p. 57.

121 *Origens do Totalitarismo*, p. 335.
122 Idem, ibidem.
123 Idem, p. 335-336.

A última forma de expropriação pela qual sofreram as massas modernas foi a de deixar de pertencer a uma comunidade. A ausência de um lugar no mundo, a expulsão do indivíduo da própria humanidade revela-se, assim, como a mais degradante e radical forma de violência que se possa efetivamente suportar.

Em seu ensaio sobre Lessing[124], Arendt explicita o significado de *mundo*, conceito presente ao longo de toda a sua vasta produção teórica. Em Arendt, *mundo* refere-se preponderantemente ao *espaço* que existe ou que deve existir entre os homens.

"O mundo e as pessoas que nele habitam não são a mesma coisa. O mundo está entre as pessoas"[125]; ele é "a coisa que surge entre as pessoas e na qual tudo o que os indivíduos trazem inatamente consigo pode se tornar visível e audível"[126]. O mundo, nessa acepção, corresponde ao âmbito da publicidade, ao espaço público no qual nos movemos, e revelamos nossa identidade, por meio de ações e palavras. A especificidade desse mundo público é a sua transparência.

Transparência e luminosidade que perderam em brilho e intensidade no mundo moderno, ocorrendo, assim, um encolhimento desse espaço. Nas palavras de Arendt: "esse espaço intermediário – muito mais do que os homens, ou mesmo o homem [...] – é hoje o objeto de maior interesse e revolta de mais evidência em quase todos os países do planeta. Mesmo onde o mundo está, ou é mantido, mais ou menos em ordem, o âmbito público perdeu o poder iluminador que originalmente fazia parte de sua natureza"[127]. Esta perda de luminosidade deve-se ao fato de que o espaço público necessita de um mínimo de permanência e continuidade, para que possa existir. "O mundo se torna inumano, inóspito para as necessidades humanas – que são as necessidades de mortais –, quando violentamente lançado num movimento onde não existe mais nenhuma espécie de permanência"[128], onde perde-se a liberdade de ação e

---

124 *Homens em Tempos Sombrios*, p. 13-36.
125 Idem, p. 14.
126 Idem, p. 19.
127 Idem, p. 14.
128 Idem, p. 19.

pensamento, e onde se busca refúgio na esfera privada e íntima do homem. Ocorre aquilo que Arendt denominou *retirada do mundo, alienação do mundo, perda do mundo comum.*

Um número cada vez maior de pessoas nos países do mundo ocidental, o qual encarou desde o declínio do mundo antigo, a liberdade em relação à política, como uma das liberdades básicas, utiliza tal liberdade e se retira do mundo e de suas obrigações junto a ele. Essa retirada do mundo não prejudica necessariamente o indivíduo; ele pode inclusive cultivar grandes talentos ao ponto da genialidade e assim, através de um rodeio, ser novamente útil ao mundo. Mas, *a cada uma dessas retiradas, ocorre uma perda quase demonstrável para o mundo; o que se perde é o espaço intermediário específico e geralmente insubstituível que teria se formado entre esse indivíduo e seus companheiros homens*[129].

Muitas vezes, os homens têm procurado refugiar-se na esfera privada, em momentos de turbulência, de instabilidade social e política. Ainda que represente, para o indivíduo assim voluntariamente isolado de seus pares, um desenvolvimento de capacidades e potencialidades, há uma perda de poder. Arendt adverte mais uma vez de que o poder surge *inter homini*, aparece apenas "onde as pessoas agem em conjunto, mas não onde […] se fortaleçam como indivíduos. Nenhuma força jamais é grande o suficiente para substituir o poder; onde quer que a força se confronte com o poder, ela sempre sucumbirá"[130].

Na verdade, Arendt acredita ser essa escolha de retirada do mundo perfeitamente justificada e até, em certos casos, a única possível. No entanto, ela acarretará invariavelmente uma perda do humano, uma evasão em relação à realidade, a impotência[131].

Essa deserção da realidade ocorreu de forma marcante entre literatos e intelectuais alemães de origem judaica na Europa dos anos de 1920, mas não apenas com eles. Com efeito, "a história conhece muitos períodos de tempos sombrios, em que o âmbito público se obscureceu e o mundo se tornou tão dúbio que as pessoas deixaram de pedir qualquer coisa à política além

---

129 Idem, p. 14. Grifos nossos.
130 Idem, p. 29.
131 Idem, p. 29-30.

de que mostre a devida consideração pelos seus interesses vitais e liberdade pessoal"[132]. No entanto, parece ser comum brotar entre esses homens um certo tipo de humanidade:

os que viveram em tempos tais, e neles se formaram, provavelmente sempre se inclinaram a desprezar o mundo e o âmbito público, a ignorá-los o máximo possível ou mesmo a ultrapassá-los e, por assim dizer, procurar por trás deles – como se o mundo fosse apenas uma fachada por trás da qual as pessoas pudessem se esconder – chegar a entendimentos mútuos com seus companheiros humanos, sem consideração pelo mundo que se encontra entre eles. Em tais tempos, se as coisas vão bem, desenvolve-se um tipo específico de humanidade[133].

Em tempos particularmente sombrios, assegura Arendt, essa humanidade se manifestará sob a forma de fraternidade; mais que isso, ela se tornará *inevitável*[134]. Frequentemente reconhecida entre os povos párias – "de modo invariável, aparece historicamente entre povos perseguidos e grupos escravizados; e, na Europa do século XVIII, deve ter sido absolutamente natural detectá-la entre os judeus, que eram então recém-chegados nos círculos literários"[135] –, esse sentimento de fraternidade é restrito, dificilmente atinge outros grupos que não estejam envolvidos na perseguição e escravização.

Expressando-se como quem conhece a fundo a natureza desse efêmero, porém intenso, sentimento de fraternidade, elemento de união entre os párias, Arendt afirma:

A cordialidade dos povos párias não pode legitimamente se estender àqueles cuja posição diferente no mundo lhes impõe uma responsabilidade pelo mundo e não lhes permite partilhar da alegre despreocupação dos párias. Mas é verdade que, em "tempos sombrios", a cordialidade, que é o substituto da luz para os párias, exerce um grande fascínio sobre todos os que se sentem tão envergonhados pelo mundo tal como é que gostariam de se refugiar na invisibilidade. *E na invisibilidade, nessa obscuridade onde um homem que aí se esconeu não precisa mais ver o mundo visível, somente a cordialidade e a fraternidade de seres humanos estreitamente comprimidos podem*

---

132 Idem, p. 20.
133 Idem, ibidem.
134 Idem, p. 21.
135 Idem, ibidem.

compensar a estranha irrealidade que assumem as relações humanas, onde quer que se desenvolvam em ausência absoluta de mundanidade, desligadas de um mundo comum a todas as pessoas[136].

A fraternidade assim exercida leva ao encapsulamento desses homens supérfluos, sem um lugar no mundo, em uma realidade quimérica, frágil, porque afastada do espaço público. Arendt conclui: "em tal estado de ausência de mundanidade e realidade, [...] o elemento comum a todos os homens não é o mundo, mas a 'natureza humana' de tal e tal tipo. O que seja o tipo depende do intérprete; pouco importa que se ressalte a razão como propriedade de todos os homens ou um sentimento comum a todos, como a capacidade de compaixão"[137].

Desse modo, contrariando a mera aparência, perde-se o mundo comum, perde-se a capacidade de gerar poder.

O racionalismo e o sentimentalismo do século XVIII são apenas dois aspectos da mesma coisa; ambos podiam igualmente conduzir àquele excesso entusiástico em que os indivíduos sentem laços de fraternidade com todos os homens. Em qualquer caso, essa racionalidade e essa sentimentalidade eram apenas substitutos psicológicos, situados no âmbito da invisibilidade, para a perda do mundo visível e comum[138].

Por não poderem ser identificados no mundo, uma vez que se manifestam na obscuridade, a "natureza humana" e a fraternidade desaparecem quando expostas à plena luz do espaço público. Assim, "a humanidade dos insultados e injuriados nunca sobreviveu ainda sequer um minuto à hora da libertação. Isso não quer dizer que ela seja insignificante, pois na verdade torna suportáveis o insulto e a injúria; mas sim que em termos políticos é absolutamente irrelevante"[139].

A própria Arendt se colocara entre os párias: pertencera ao grupo de judeus de elevada cultura que foram expulsos da Alemanha durante os primeiros anos do movimento nazista, e, como eles, realizou uma *retirada do mundo*. Essa retirada, ou,

---

136 Idem, p. 24. Grifos nossos.
137 Idem, ibidem.
138 Idem, ibidem.
139 Idem, ibidem.

como Arendt a denominara, "emigração interna", teria como marca a ambiguidade.

De um lado, significava que havia pessoas dentro da Alemanha que se comportavam como se não mais pertencessem ao país, que se sentiam como emigrantes; por outro lado, indicava que não haviam realmente emigrado, mas se retirado para um âmbito interior, na invisibilidade do pensar e do sentir. Seria um erro imaginar que essa forma de exílio, essa retirada do mundo para um âmbito interior, existiu apenas na Alemanha, assim como seria um erro imaginar que tal emigração cessou com o fim do Terceiro Reich. Mas naquele mais sombrio dos tempos, dentro e fora da Alemanha era particularmente forte, em face de uma realidade aparentemente insuportável, a tentação de se desviar do mundo e de seu espaço público para uma vida interior, ou ainda simplesmente ignorar aquele mundo em favor de um mundo imaginário, "como deveria ser" ou como alguma vez fora[140].

Ainda que frequentemente seja passível de justificação e, mais ainda, represente a única atitude a ser tomada, a retirada do mundo deve ser reconhecida como algo a ser evitado, em função da perda de poder, da desumanização que acarreta: "quando as pessoas escolhem essa alternativa, a vida privada também pode reter uma realidade de modo algum insignificante, embora impotente"[141].

Uma maneira de evitar a retirada do mundo e, portanto, valorizar o espaço político, o lugar no mundo, consiste em compreender e exercitar a amizade em sua dimensão política, tal como os gregos a entenderam, algo fundamental à vida humana. Arendt lembra que "os antigos consideravam os amigos indispensáveis à vida humana, e na verdade uma vida sem amigos não era realmente digna de ser vivida […] Achavam que não pode haver felicidade ou boa sorte para a pessoa, a não ser que tenha um amigo com que partilhar sua alegria"[142]. Para os gregos, a essência da amizade está no discurso. O discurso une os cidadãos por se referir a um mundo comum, e oferece as bases para a constituição de uma comunidade feliz.

---

140 Idem, p. 26.
141 Idem, p. 29.
142 Idem, p. 30.

Essa conversa (em contraste com a conversa íntima onde os indivíduos falam sobre si mesmos), ainda que talvez permeada pelo prazer com a presença do amigo, refere-se ao mundo comum, que se mantém "inumano" num sentido muito literal, a menos que seja constantemente comentado por seres humanos. *Pois o mundo não é humano simplesmente por ser feito por seres humanos, e nem se torna humano simplesmente porque a voz humana nele ressoa, mas apenas quando se tornou objeto de discurso*[143].

Em Arendt, onde há a palavra não está presente a violência, ou, a violência impera onde tudo é silêncio, e todos, silenciados. Ora, a maneira pela qual se torna possível conter e evitar a violência é exatamente no incremento a essa forma superior de humanidade – a amizade, e sua expressão própria, o discurso, tão presentes na Antiguidade clássica, e tão rarefeitos em nosso mundo moderno –, por fomentar o poder e instaurar um mundo comum. Afirma, Arendt:

por mais afetados que sejamos pelas coisas do mundo, por mais profundamente que possam nos instigar e estimular, só se tornam humanas para nós quando podemos discuti-las com nossos companheiros. Tudo o que não possa se converter em objeto de discurso – o realmente sublime, o realmente horrível ou o misterioso – pode encontrar uma voz humana com a qual ressoe no mundo, mas não é exatamente humano. Humanizamos o que ocorre no mundo e em nós mesmos apenas ao falar disso, e no curso da fala aprendemos a ser humanos[144].

Arendt explicita a sua noção de *espaço público*, reportando-a ao modelo grego de convivência humana, expresso sob a forma de *polis*, o lugar *par excellence* da ação e, portanto, da geração de poder. "Antes que os homens começassem a agir, era necessário assegurar um lugar definido e nele erguer uma estrutura dentro da qual se pudessem exercer todas as ações subsequentes; o espaço era a esfera pública da *polis* e a estrutura era a sua lei"[145].

A *polis* é pensada por Arendt, sobretudo, como uma forma superior de convivência cujas principais funções são de tornar as

---

143 Idem, p. 31. Grifos nossos.
144 Idem, ibidem.
145 *A Condição Humana*, p. 207.

ações humanas imperecíveis, imortais, extraordinárias[146]. Nas próprias palavras de Arendt:

a convivência dos homens sob a forma de *polis* parecia garantir a imperecibilidade das mais fúteis atividades humanas – a ação e o discurso – e dos menos tangíveis e mais efêmeros "produtos" do homem – os feitos e as histórias que deles resultam. A organização da *polis*, fisicamente assegurada pelos muros que rodeavam a cidade, e fisionomicamente garantida por suas leis – para que as gerações futuras não viessem a desfigurá-las inteiramente – é uma espécie de memória organizada. Garante ao ator mortal que sua existência passageira e sua grandeza efêmera terão sempre a realidade que advém de ser visto, ouvido e, de modo geral, aparecer para [...] seus semelhantes que, fora da *polis*, só podiam assistir a um desempenho de curta duração[147].

Arendt é enfática ao afirmar que não se trata – na *polis* – de um espaço meramente físico, mas da esfera que está *entre os homens*, constituída por atos e palavras: é a possibilidade de construção de um mundo comum. Expresso por Arendt:

a rigor, a *polis* não é a cidade-Estado em sua localização física; é a organização da comunidade que resulta do agir e falar em conjunto, e o seu verdadeiro espaço situa-se entre as pessoas que vivem juntas com tal propósito, não importa onde estejam. "Onde quer que vás, serás uma *polis*": estas famosas palavras não só vieram a ser a senha da colonização grega, mas exprimiam a convicção de que a ação e o discurso criam entre as partes um espaço capaz de situar-se adequadamente em qualquer tempo e lugar. *Trata-se do espaço da aparência, no mais amplo sentido da palavra, ou seja, o espaço no qual eu apareço aos outros e os outros a mim; onde os homens assumem uma aparência explícita, ao invés de se contentar em existir meramente como coisas vivas ou inanimadas*[148].

O espaço público, segundo Arendt, não existe sempre; além disso, não é possível ao homem nele viver permanentemente. Não obstante, privar-se dele é viver fora do mundo, é retirar-se da realidade que, "humana e politicamente, é o mesmo que a

---

146 Idem, p. 209.
147 Idem, p. 210.
148 Idem, p. 211. Grifos nossos.

aparência"[149]. A realidade do mundo exige testemunho, dado pela presença dos outros homens.

Uma característica essencial desse espaço público é a sua fluidez, a sua potencialidade.

O espaço da aparência passa a existir sempre que os homens se reúnem na modalidade do discurso e da ação, e portanto precede toda e qualquer constituição formal da esfera pública e as várias formas de governo, isto é, as várias formas possíveis de organização da esfera pública. Sua peculiaridade reside no fato de que, ao contrário dos espaços fabricados por nossas mãos, não sobrevive à realidade do movimento que lhe deu origem, mas desaparece não só com a dispersão dos homens [...], mas também com o desaparecimento ou suspensão das próprias atividades. *Onde quer que os homens se reúnam, esse espaço existe potencialmente; mas só potencialmente, não necessariamente nem para sempre*[150].

Arendt aproxima as noções de espaço público e poder. Segundo ela, "é o poder que mantém a existência da esfera pública, o espaço potencial da aparência entre homens que agem e falam"[151].

De uma maneira inequívoca, porém não ainda amplamente desenvolvida, Arendt estabelece, já em *A Condição Humana*, as bases para a sua teoria da violência, exposta cerca de uma década mais tarde em *Sobre a Violência*. Sobre uma das oposições passíveis de serem traçadas entre poder e violência, assim se expressa Arendt: "o que primeiro solapa e depois destrói as comunidades políticas é a perda do poder e a impotência final; e o poder não pode ser armazenado e mantido em reserva para casos de emergência, como os instrumentos da violência: só existe em sua efetivação. Se não é efetivado, perde-se"[152]. Trata-se, aqui, do caráter de fluidez do poder, em contraposição ao aspecto instrumental da violência, distinção de fundamental importância no pensamento político arendtiano.

Também em *A Condição Humana*, Arendt contrapõe o poder à força. "O poder é sempre [...] um potencial de poder,

---

149 Idem, ibidem.
150 Idem, p. 211-212. Grifos nossos.
151 Idem, p. 212.
152 Idem, ibidem.

não uma entidade imutável, mensurável e confiável como a força. Enquanto a força é a qualidade natural de um indivíduo isolado, o poder passa a existir entre os homens quando eles agem juntos, e desaparece no instante em que eles se dispersam"[153].

Assim, em Arendt, a convivência humana, ou, a potencialidade de convivência, constitui "o único fator material indispensável para a geração do poder"[154]. O poder, afirma, assim como a ação, é ilimitado; a ausência de pessoas agindo em concerto é a sua única limitação, pois "*o poder humano corresponde [...] à condição humana da pluralidade*"[155].

Uma outra limitação quanto à efetivação do poder reside na dissociação entre palavras e atos, quando palavras, despojadas de seu sentido original, são usadas para mascarar realidades e, os atos, brutais, são empregados para violar e destruir[156]. Tais fenômenos se tornaram comuns no mundo moderno e não raro levam à perpetração de atos de violência.

Já o isolamento de indivíduos é visto por Arendt como uma *renúncia* ao poder. Com efeito, "todo aquele que, por algum motivo, se isola e não participa dessa convivência [entre os homens], renuncia ao poder e se torna impotente, por maior que seja a sua força e por mais válidas que sejam suas razões"[157]. Essa renúncia, expressa pela atomização do indivíduo, leva à situação de perda, de ausência de um lugar no mundo; também ela é um convite à instauração da violência.

Segundo Arendt, a única alternativa ao poder é a força individual acrescida de instrumentos de violência. Porém, essa força, ainda que capaz de destruir o poder, jamais o criará ou o substituirá[158]. Em situações de destruição do poder pela força, ocorre aquilo que Arendt denomina de combinação frequente de força e impotência, presente nas tiranias: "uma legião de forças impotentes que se desgastam, muitas vezes, de modo espetacular e veemente, mas em completa futilidade,

---

153 Idem, ibidem.
154 Idem, p. 213.
155 Idem, ibidem. Grifos nossos.
156 Idem, p. 212.
157 Idem, p. 213.
158 Idem, p. 214.

sem deixar monumentos nem história e quase nenhuma recordação para a posteridade"[159].

O lugar privilegiado do homem no mundo é o espaço público, que é poder. "O poder preserva a esfera pública e o espaço da aparência e, como tal, é também princípio essencial ao artifício humano, que perderia sua suprema *raison d'être* se deixasse de ser o palco da ação e do discurso, da teia dos negócios e relações humanos e das histórias por eles engendradas"[160].

Arendt alerta para a possibilidade de que nada, na cultura ocidental, tenha durado tão pouco quanto a confiança no poder; porém a sua existência fora suficiente para se considerar a ação e o discurso como as mais nobres qualidades distintivas do homem: "a ação e o discurso conferiram à política uma dignidade que ainda hoje não desapareceu completamente"[161].

Arendt insiste em que é da própria natureza da ação produzir o grandioso, o extraordinário, e tais qualidades encontram-se inerentes ao próprio ato.

> A arte política ensina os homens a produzir o que é grande e luminoso [...]; enquanto existir a *polis* a inspirar os homens a ousarem o extraordinário, tudo estará seguro; se sucumbir, tudo estará perdido [...] A grandeza, [...] ou o significado específico de cada ato, só pode residir no próprio cometimento, e não nos motivos que o provocaram ou no resultado que produz[162].

A ação e o discurso são, portanto, atividades humanas de elevado valor, cuja finalidade encontra-se em si mesma, ou seja, em sua própria realização. Sendo assim, não é possível pensar a política em termos de categorias de meios e fins.

Ora, desde há muito, vive-se a degradação da ação e do discurso, e o descrédito da política em geral: "o exaspero ante o triplo malogro da ação – a *imprevisibilidade dos resultados, a irreversibilidade do processo e o anonimato dos autores* – é quase tão antigo quanto a história escrita"[163]. A desconfiança em relação à ação e às suas potencialidades – o risco, enfim,

---

159 Idem, ibidem.
160 Idem, p. 216.
161 Idem, p. 217.
162 Idem, p. 218.
163 Idem, p. 232. Grifos nossos.

que representava aos negócios humanos –, teria levado os filósofos antigos, sobretudo Platão, a pensar a ação em termos de fabricação, isto é, sob a forma de adequação de meios a fins previamente estabelecidos, tendência que teria se firmado no pensamento político até hoje[164].

Entender a ação em termos de fabricação implica admitir o emprego da violência; com isto, paradoxalmente, o elemento de violência adentra o espaço livre da política e o subverte. Com efeito, "enquanto acreditarmos que, na esfera política, lidamos com meios e fins, não poderemos impedir que alguém recorra a todos os meios para alcançar fins premeditados"[165].

Lamentavelmente, a *polis* sucumbiu ainda no mundo antigo. Porém, a bem da verdade, nem tudo estaria perdido; a mera evocação dessa longínqua realidade histórica, forma superior de convivência, permanentemente inspirará os homens a perseguir um ideal de organização humana e a procurar resgatar o sentido e a dignidade da política.

---

164 Idem, p. 240.
165 Idem, p. 241.

Bibliografia

Obras de Hannah Arendt

A Condição Humana. Tradução de Roberto Raposo. Rio de Janeiro: Forense Universitária, 1993.
A Dignidade da Política: Ensaios e Conferências. Organização e introdução de Antônio Abranches; tradução de Helena Martins et al. Rio de Janeiro: Relume-Dumará, 1993.
A Vida do Espírito: O Pensar, o Querer, o Julgar. Tradução de Antônio Abranches, Cesar Augusto R. de Almeida, Helena Martins. Rio de Janeiro: Relume-Dumará, 1992. 2 v.
Charles Chaplin, le suspect. *Esprit*, Paris, n. 42, Jun.1980.
Crises da República. Tradução de José Volkmann. São Paulo: Perspectiva, 1973.
Da Revolução. Tradução de Fernando Dídimo Vieira. São Paulo: Ática/Brasília: Editora da UnB, 1990 (Série Temas, 5).
Eichmann in Jerusalem: A Report of the Banality of Evil. New York: Penguim Books, 1994 (Edição brasileira: *Eichmann em Jerusalém: Um Relato sobre a Banalidade do Mal*. Tradução de Sonia Orieta Heinrich. São Paulo: Diagrama & Texto, 1983).
Entre o Passado e o Futuro. Tradução de Mauro W. Barbosa de Almeida. São Paulo: Perspectiva, 1992.
Essays in Understanding: 1930-1954. Editado por Jerome Kohn. New York/ San Diego: Harcourt Brace & Company, 1994.
Homens em Tempos Sombrios. Tradução de Denise Bottmann. São Paulo: Companhia das Letras, 1987.
L' "Aufklärung" et la question juive. Tradução de S. Courtine-Denamy. *Revue de Métaphysique et de Morale*. Paris, n. 3, Jul.-Set. 1985.

Lições sobre a Filosofia Política de Kant. Tradução e ensaio de André D. Macedo. Rio de Janeiro: Relume-Dumará, 1993.

On Violence. New York: Harcourt Brace/ Harvest Book, 1970 (Edições brasileiras: *Da Violência*. Tradução de Maria Cláudia Drumond Trindade. Brasília: Editora da UnB, 1985; 1970 [Col. Pensamento Político]; *Sobre a Violência*. Tradução de André Duarte. Rio de Janeiro: Relume-Dumará, 1994).

O Que é Política? Organização de Ursula Ludz; tradução de Reinaldo Guarany. Rio de Janeiro: Bertrand Brasil, 1998.

Origens do Totalitarismo. Tradução de Roberto Raposo. São Paulo: Companhia das Letras, 1989.

Rahel Varnhagen: A Vida de uma Judia Alemã na Época do Romantismo. Tradução de Antônio Trânsito e Gernot Kludasch. Rio de Janeiro: Relume-Dumará, 1994.

ARENDT, Hannah; MCCARTHY, Mary. *Entre Amigas: A Correspondência de Hannah Arendt e Mary McCarthy (1949-1975)*. Organização e introdução de Carol Brightman; tradução de Sieni Campos. Rio de Janeiro: Relume-Dumará, 1995.

Bibliografia Complementar

ALLEN, Wayne. Hannah Arendt and the Politics of Evil. *Idealistic Studies*. Clark University, Worcester-Mass, v. 21, n. 2-3, 1991.

ANSCOMBE, Elizabeth. On the Source of the Authority of the State. *Ratio*, Oxford, England, v. 20, n. 1, 1978.

ARISTÓTELES. *A Política*. Tradução de Roberto Leal Ferreira. São Paulo: Martins Fontes, 1991.

ARON, Raymond. *Estudos Políticos*. Tradução de Sérgio Bath. Brasília: Editora da UnB, 1980 (Col. Pensamento Político).

BAUDELAIRE, Charles. *Sobre a Modernidade: O Pintor da Vida Moderna*. Organizado por Teixeira Coelho. Rio de Janeiro: Paz e Terra, 1996 (Col. Leitura).

BENJAMIN, Walter. Pour une critique de la violence. *Œuvres, I, Mythe et violence*. Paris: Les Lettres Nouvelles, 1955.

CANETTI, Elias. *Massa e Poder*. Tradução de Sérgio Tellaroli. São Paulo: Companhia das Letras, 1995.

CANOVAN, Margaret. Politics as Culture: Hannah Arendt and the Public Realm. *History of Political Thought,* University of Exeter, Exeter-England, v. 6, n. 3, inverno 1985.

CAROUX, Jacques. Quel monde pour l'homme de masse? *Esprit*, Paris, n. 42, Jun. 1980.

CLAUSEWITZ, Carl von. *Da Guerra*. Tradução da versão inglesa de Inês Busse. Mira-Sintra: Publicações Europa-América, s.d.

CRICK, Bernard. On Rereading the Origins of Totalitarianism. *Social Research*, New York, v. 44, n. 1, primavera 1977.

DUARTE, André. Poder e Violência no Pensamento Político de Hannah Arendt. In: ARENDT, Hannah. *Sobre a Violência*. Rio de Janeiro: Relume-Dumará, 1994.

ENEGRÉN, André. Révolution et fondation. *Esprit*. Paris, n. 42, Jun. 1980.

ENGELS, Friedrich. Teoria da Violência. In: *Friedrich Engels: Política*. Tradução de José Paulo Netto (org.), et al. São Paulo: Ática, 1981 (Grandes Cientistas Sociais, 17).

ETTINGER, Elżbieta. *Hannah Arendt/ Martin Heidegger*. Tradução de Mário Pontes. Rio de Janeiro: Zahar, 1996.

FANON, Frantz. *Os Condenados da Terra*. Tradução de José Laurênio de Melo. Rio de Janeiro: Civilização Brasileira, 1979.

FERRY, Jean-Marc. Habermas critique de Hannah Arendt. *Esprit*, Paris, n. 42, Jun. 1980.

FOLHETIM. História e Esquecimento. *Folha de S. Paulo*, S. Paulo, 18 set. 1987. Folhetim, n. 554,

HABERMAS, Jürgen. Modernidade: Um Projeto Inacabado. In: ARANTES, Otília B. Fiori; ARANTES, Paulo E. *Um Ponto Cego no Projeto de Jürgen Habermas*. Tradução do alemão Márcio Suzuki. São Paulo: Brasiliense, 1992.

_____. *Mudança Estrutural da Esfera Pública: Investigação Quanto a uma Categoria da Sociedade Burguesa*. Tradução de Flávio R. Kothe. Rio de Janeiro: Tempo Brasileiro, 1984 (Biblioteca Tempo Universitário, 76).

_____. O Conceito de Poder em Hannah Arendt. In: FREITAG, Bárbara; ROUANET, Sergio Paulo (orgs.). *Habermas*. São Paulo: Ática, 1980.

HEGEL, Friedrich. *Princípios da Filosofia do Direito*. Tradução de Orlando Vitorino. Lisboa: Guimarães Editores, 1959 (Col. Filosofia e Ensaios).

HEIDEGGER, Martin. *Essais et conférences*. Tradução de André Préau. Paris: Gallimard, 1958.

HELLER, Agnes. World, Things, Life and Home. *Thesis-Eleven*, Massachusetts Institute of Technology, Cambridge-Mass., n. 33, 1992.

JHA, Hetukar. Legitimacy and Political Violence. *Journal of Social and Economic Studies*, new series, New Delhi/ Beverly Hills/London, v. 1, n. 4, Out.-Dez., 1984.

JONAS, Hans. Acting, Knowing, Thinking: Gleanings from Hannah Arendt's Philosophical Work. *Social Research*, New York, v. 44, n. 1, primavera 1977.

JOUVENEL, Bertrand de. *Le pouvoir: l'histoire naturelle de sa croissance*. Paris: Hachette, 1972.

KANT, Immanuel. *À Paz Perpétua*. Tradução de Marco Antônio de A. Zingano. São Paulo: L&PM, 1989.

KOHN, Jerome. Thinking/ Acting. *Social Research*, New York, v. 57, primavera 1990.

LAFER, Celso. A Política e a Condição Humana. In: ARENDT, Hannah. *A Condição Humana*. Rio de Janeiro: Forense Universitária, 1993.

_____. *A Reconstrução dos Direitos Humanos: Um Diálogo com o Pensamento de Hannah Arendt*. São Paulo: Companhia das Letras, 1988.

_____. Hannah Arendt. *Cadernos da UnB: Teoria Política*. Brasília: 1979.

_____. *Hannah Arendt: Pensamento, Persuasão e Poder*. Rio de Janeiro: Paz e Terra, 1979 (Col. O Mundo, Hoje, 35).

_____. Posfácio – Hannah Arendt: Vida e Obra. In: *Homens em Tempos Sombrios*. Tradução de Denise Bottmann. São Paulo: Companhia das Letras, 1987.

LEBRUN, Gérard. A Liberdade segundo Hannah Arendt. In: *Passeios ao Léu*. São Paulo: Brasiliense, 1983.

_____. Hannah Arendt: Um Testamento Socrático. In: *Passeios ao Léu*.

LEFORT, Claude. *A Invenção Democrática: Os Limites do Totalitarismo*. Tradução de Isabel Marva Loureiro. São Paulo: Brasiliense, 1987 (Col. A Invenção Democrática).

_____. *Pensando o Político: Ensaios sobre Democracia, Revolução e Liberdade*. Tradução de Eliana M. Souza. Rio de Janeiro: Paz e Terra, 1991.

LÊNIN, Vladimir I. *O Estado e a Revolução*. Tradução de Aristides Lobo. São Paulo: Hucitec, 1987 (Col. Pensamento Socialista).

LITKE, Robert F. Violence and Power. *International Social Science Journal*, United Kingdon, v. 44, n. 2, Maio 1992.

MACHIAVEL, Nicolas. *Le prince*. Tradução de Jacques Gohory. Paris: Gallimard/Librairie Générale Française, 1962.

MAFFESOLI, Michel. *Dinâmica da Violência*. Tradução de Cristina M. V. França. São Paulo: Revista dos Tribunais, 1987 (Biblioteca Vértice, 7).

MAYER, Robert C. *The Crisis of Authority: The Nature of Authority in Liberal Society*. Princeton, 1989 (Tese de Doutorado – Department of Politics, Princeton University).

MCCARTHY, Mary. Hannah Arendt and Politics. *Partisan Review,* Boston University, Boston-Mass., v. 51, n. 4-52, 1984-1985.

MCKENNA, George. Bannisterless Politics: Hannah Arendt and her Children. *History of Political Thought,* University of Exeter, Exeter-England, v. 5, n. 2, Verão 1984.

MERLEAU-PONTY, Maurice. *Humanismo y terror*. Tradução de León Rozitchner. Buenos Aires: Editorial La Pléyade, 1968.

MONTESQUIEU. *Do Espírito das Leis*. São Paulo: Abril Cultural, 1973 (Col. Os Pensadores).

NASCIMENTO, Milton M. do. *Opinião Pública e Revolução: Aspectos do Discurso Político na França Revolucionária*. São Paulo: Nova Stella/Edusp, 1989.

NISBET, Robert. Hannah Arendt and the American Revolution. *Social Research*, New York, v. 44, n. 1, p. 63-79, primavera 1977.

ORTEGA Y GASSET, José. *A Rebelião das Massas*. Tradução de Artur Guerra. Lisboa: Relógio d' Água, s.d.

ORWELL, George. *1984*. Tradução de Wilson Velloso. São Paulo: Companhia Editora Nacional, 1971.

O'SULLIVAN, Noel. Hannah Arendt: A Nostalgia Helênica e a Sociedade Industrial. In: CRESPIGNY, A. & MIGNOGUE, K. *Filosofia Política Contemporânea*. Tradução de Yvonne Jean. Brasília: Ed. UnB, 1982.

PASSERIN D'ENTRÈVES, Maurizio. *The Political Philosophy of Hannah Arendt*: a reconstruction and critical evaluation. Boston, 1989 (Tese de Doutorado – Department of Philosophy, Boston University).

PHILONENKO, Alexis. Kant et le problème de la paix. In: *Essais sur la philosophie de la guerre*. Paris: Vrin, 1988.

PLATÃO. *La république*. Tradução e notas de Robert Baccou. Paris: Garnier & Flammarion, 1966.

PRESBEY, Gail M. *Hannah Arendt on political action: From Theory to Practice*. New York, 1989 (Tese de Doutorado – Department of Philosophy, Fordham University).

QUE, Nemesio. *Toward an understanding of action in Hannah Arendt*. New York, 1991 (Tese de Doutorado – Department of Philosophy, Fordham University).

RING, Jennifer. The Pariah as Hero: Hannah Arendt's Political Actor. *Political Theory*, Thousand Oaks-Calif., v. 19, n. 3, Agost. 1991.

ROUSSEAU, Jean-Jacques. *Du contract social. Œuvres complètes,* III. Paris: Gallimard, 1964.

SARTRE, Jean-Paul. Prefácio. In: FANON, Frantz. *Os Condenados da Terra*. Tradução de José Laurênio de Melo. Rio de Janeiro: Civilização Brasileira, 1979.

SOREL, Georges. *Reflexões sobre a Violência*. Tradução de Paulo Neves. São Paulo: Martins Fontes, 1992 (Col. Tópicos).

TELLES, Vera S. Espaço Público e Espaço Privado na Constituição do Social: Notas sobre o Pensamento de Hannah Arendt. *Tempo Social, Rev. Sociol. USP*, São Paulo, v. 2, n. 1, 1º sem. 1990.

TOCQUEVILLE, Alex. A Democracia na América. São Paulo: Abril Cultural, 1973 (Col. Os Pensadores).

WEBER, Max. *Ciência e Política: Duas Vocações*. Tradução de Leônidas Hegenberg e Octany Silveira da Mota. São Paulo: Cultrix, 1972.

YOUNG-BRUEHL, Elisabeth. *Por Amor ao Mundo: A Vida e a Obra de Hannah Arendt*. Tradução de Antônio Trânsito. Rio de Janeiro: Relume Dumará, 1997.

Impresso em São Paulo, em agosto de 2011,
nas oficinas da Graphium Gráfica e Editora Ltda,
para a Editora Perspectiva S.A.